Dans les collections
Cuisines des pays de France
et Cuisines des pays du monde

1 – La cuisine charentaise
2 – La cuisine gasconne
3 – La cuisine basque
4 – La cuisine toulousaine
5 – La cuisine du Languedoc
6 – La cuisine bordelaise
7 – La cuisine des Pyrénées
8 – La cuisine du Périgord
9 – La cuisine ariégeoise
10 – La cuisine catalane
11 – Plats du terroir en Charente
12 – La cuisine landaise
13 – La cuisine aveyronnaise
14 – La cuisine des tapas
15 – La cuisine du canard et de l'oie
16 – La cuisine des placards
17 – La cuisine de l'été
18 – La cuisine des poissons, coquillages et crustacés
19 – La cuisine du cochon
20 – La cuisine auvergnate
21 – La cuisine de l'hiver
22 – La cuisine espagnole
23 – La cuisine marocaine
24 – La cuisine provençale
25 – La cuisine des îles
26 – La cuisine italienne
27 – La cuisine chinoise et vietnamienne
28 – La cuisine des gourmands
29 – La cuisine corse
30 – La cuisine à la plancha
31 – La cuisine des salades
32 – La cuisine du jardin
33 – La cuisine des crêpes etdes galettes
34 – La cuisine indienne
35 – La cuisine du pain
36 – La cuisine des moules
37 – La cuisine des soupes
38 – La cuisine des coquilles Saint-Jacques
39 – La cuisine savoyarde
40 – La cuisine basque

Ce livre a été imprimé par Oberthur Graphique à Rennes, France.
ISBN : 2.87901.657.6 – Éditeur : 20073.01.05.02.06
N° d'impression : 6934

Jean Robert

La cuisine des coquilles Saint-Jacques

Photographies de Marie-France Robert

ÉDITIONS SUD OUEST

Coquilles Saint-Jacques, mode d'emploi

Une histoire ancienne

L'existence de la coquille Saint-Jacques remonte à 570 millions d'années. Les hommes de la préhistoire en consommaient déjà, vraisemblablement crues. Elle était fort appréciée dans l'Antiquité. À partir du xie siècle, les pèlerins qui sillonnaient l'Europe en direction de Saint-Jacques-de-Compostelle arboraient ce coquillage sur leur manteau, leur bâton ou leur chapeau.
En effet, la légende raconte qu'un chevalier hérétique, après un naufrage, refit surface à proximité de l'embarcation qui transportait le corps de saint Jacques de Galice en Galilée ; le chevalier se convertit, et les coquilles qui couvraient le bateau furent appelées coquilles Saint-Jacques.

Une pêche très surveillée

La pêche de la coquille Saint-Jacques est très réglementée. Selon les années, elle se situe entre octobre et mai. Les jours et les horaires de pêche sont surveillés, ainsi que la taille des coquilles (elles ne doivent pas faire moins de 10,2 cm environ), les plus petites devant être rejetées à la mer.
Sur les côtes françaises, les coquilles Saint-Jacques diffèrent selon le lieu de pêche et l'époque où elles sont pêchées. En Manche, elles sont souvent sans corail. En Atlantique, le corail est plus gros et très coloré.

ci-contre Coquilles Saint-Jacques crues

Pêche de coquilles Saint-Jacques dans la baie d'Erquy (photo Véronique et Éric Giquel)

Les confréries

Les plus anciennes confréries ont été créées en Hollande, au Portugal et en France. Elles organisent des chapitres pour promouvoir de nouvelles recettes, les dégustent et donnent chaque année des distinctions aux participants.

Comment sélectionner les coquilles sur les étalages ?

Assurez-vous qu'elles sont vivantes, bien lourdes et fermées. Si elles baillent un peu, on doit pouvoir les refermer par simple pression.

Aujourd'hui, on trouve des noix avec ou sans corail, conditionnées sous vide, congelées ou en conserve, ce qui permet une utilisation plus simple et souvent plus économique tout en donnant des résultats très satisfaisants. Hors saison, sur tous les marchés, éviter d'acheter celles qui sont posées directement sur la glace, ennemie de tous les coquillages décortiqués.

Suivez nos conseils pour les ouvrir

> Glisser la lame du couteau entre les deux valves, puis sectionner le muscle le long du couvercle (de la partie plate).
> Dégager la noix et le corail. Rincer, puis égoutter sur du papier absorbant.
> Suivant la provenance des coquilles, il faut les laver sous le robinet (eau courante), car elles contiennent souvent beaucoup de sable.

Ce qui reste dans la coquille

> Les barbes (partie frisée autour de la noix) peuvent se cuisiner après un très sérieux nettoyage. Si gustativement elles ont un apport intéressant, il faut les hacher très finement avant de les cuisiner. Elles peuvent être utilisées pour la réalisation d'un fumet ou d'un potage.
> La petite partie qui se trouve sur la noix, qui est dure, de texture et de couleur différentes, doit être enlevée impérativement.
> Le petit canal, souvent plein de sable, qui est collé à la noix, ainsi que la partie ronde et noire doivent être aussi éliminés.
> À l'extrémité du corail se trouve une petite trompe qu'il faut aussi ôter.

Coquille Saint-Jacques pêchée
en baie de Quiberon

Combien par personne ?

Un volume de cinq à six coquilles par personne semble très raisonnable comme plat principal, mais en prévoir deux à trois pour une entrée.

La cuisson

Il n'est pas recommandé de cuisiner la Saint-Jacques directement dans sa coquille, comme on le fait pour les moules, les palourdes ou les coques. Le nettoyage de la coquille reste très minutieux.

Une fois les Saint-Jacques nettoyées, elles sont prêtes à l'emploi. Il faut impérativement cuire séparément l'accompagnement, suivant la recette choisie. Une coquille trop cuite perd de sa qualité gustative. La cuisson des noix et du corail reste la partie délicate, elle doit être brève :

> poêlée ou sautée au beurre : 2 à 3 minutes ;

> pochée ou vapeur : 3 à 4 minutes.

L'assaisonnement

L'important est de ne pas masquer le goût délicat de la Saint-Jacques, mais seulement de le souligner.

Avant de commencer les recettes, les Saint-Jacques auront été préparées selon nos conseils.

De nombreux plats sont présentés dans les coquilles elles-mêmes : choisir les plus belles, les laver et les faire sécher.

ci-contre en haut On peut acheter des coquilles déjà décortiquées, avec ou sans corail

ci-contre en bas Les paimpolaises étaient fabriquées par les marins

Les potages

Potage aux « tripes » de Saint-Jacques

Recette de Bernard Stradi

Pour 4 personnes

> 150 g de « tripes » de Saint-Jacques, c'est-à-dire les barbes
> 2 pommes de terre à chair ferme
> 2 tomates
> 1 grosse gousse d'ail
> 1 dosette de safran en poudre
> 1 pincée de piment d'Espelette
> 5 cl de crème fraîche
> sel de Guérande
> poivre du moulin

Préparation et cuisson : 60 min

Les tripes de Saint-Jacques sont constituées par les barbes que vous devez laver soigneusement et abondamment à plusieurs eaux, pour enlever le sable et les impuretés contenues dans ce filtre naturel. Enlever le « chas », partie blanche et dure fixée sur un côté de la noix, que les puristes ne dégustent pas avec celle-ci. Enfin, enlever les langues de corail qui n'ont d'intérêt que décoratif. En fait, hormis la noix consommée par ailleurs, seules doivent être ôtées : la poche noire accolée à la noix et la « trompette » située en extrémité du corail, côté blanc de celui-ci.¶ Pour 150 g de tripes, il faut environ 2 kg de coquilles corailIées, un peu plus pour des blanches.¶ Après avoir ouvert les coquilles et mis les noix de côté, préparer 150 g de tripes comme il est dit ci-dessus, puis les réserver.¶ Peler les tomates après les avoir passées quelques secondes à l'eau bouillante pour faciliter l'opération. Éplucher les pommes de terre et la gousse d'ail.¶ Dans une cocotte, mettre 1/2 l d'eau et ajouter les tripes, les tomates, les pommes de terre coupées en deux et la gousse d'ail. Porter à ébullition, puis laisser mijoter à couvert 1 h 30.¶ À l'issue de la cuisson, passer au mixer, puis remettre dans le récipient. Ajouter piment, safran, sel, poivre et éventuellement un complément de liquide. Laisser doucement reprendre l'ébullition, réduire le feu et ajouter la crème fraîche.¶ Remuer le tout et servir très chaud.

Illustration en double-page précédente

Potage de corail de Saint-Jacques

Pour 4 personnes

Préparation et cuisson : 25 min

Mixer à froid le corail, les noix et la crème. Ajouter le concentré de tomates. Compléter avec de l'eau pour obtenir 1,5 l de potage.¶ Faire bouillir la préparation 5 à 6 min. Saler et poivrer.¶ Préparer l'ail et le répartir dans chaque assiette chaude.

> corail de 12 Saint-Jacques
> 4 noix de Saint-Jacques
> 400 g de crème UHT
> 40 g de concentré de tomates
> 8 gousses d'ail émincées et sautées au beurre (se colore très vite)
> sel, poivre

Illustration en double-page suivante

Potage de Saint-Jacques

Pour 4 personnes

Préparation et cuisson : 20 min

Nettoyer les barbes très méticuleusement sous l'eau courante.¶ Sauter les Saint-Jacques coupées en deux dans l'épaisseur. Réserver au chaud.¶ Dans un faitout, disposer les échalotes, le persil, le vin blanc avec 4 dl d'eau et les barbes hachées. Amener à ébullition pendant 20 min. Filtrer à travers une passoire pour obtenir 75 cl de liquide.¶ Dans un récipient, mélanger au fouet la crème, les jaunes d'œufs et verser le tout dans la soupe, en évitant l'ébullition. Saler et poivrer.¶ Verser les Saint-Jacques dans le potage. Ne pas faire bouillir.

> 8 à 12 Saint-Jacques
> 30 g de beurre
> 2 échalotes hachées
> 3 branches de persil plat
> 4 dl de vin blanc
> 10 cl de crème fraîche
> 5 jaunes d'œufs
> croûtons
> parmesan ou autre fromage
> 12 crevettes
> sel, poivre

Les recettes traditionnelles

La recette la plus simple

Pour 4 personnes

- > 12 à 16 coquilles Saint-Jacques selon la taille
- > 20 g de beurre
- > 1 gousse d'ail
- > 1/2 bouquet de persil
- > sel, poivre

Préparation et cuisson : 20 min

La délicatesse de la Saint-Jacques peut se suffire à elle-même : cuisinée simplement, elle est délicieuse.¶ Faire revenir les noix dans le beurre 2 min.¶ Ajouter l'ail et le persil hachés, laisser cuire 1 min supplémentaire en mélangeant bien.¶ Saler, poivrer, servir immédiatement.

Saint-Jacques à l'ancienne

Pour 4 personnes

- > 20 coquilles Saint-Jacques ou plus
- > 3 ou 4 échalotes finement hachées
- > 15 cl de vin blanc sec
- > 20 g + 20 g de beurre
- > 30 g de farine
- > 150 g de crème épaisse
- > 2 jaunes d'œuf
- > chapelure
- > sel, poivre du moulin

Préparation et cuisson : 60 min

Garder quatre belles coquilles.¶ Faire revenir les échalotes dans 20 g de beurre quelques minutes. Y verser le vin blanc et les Saint-Jacques pour une très courte cuisson. Retirer les Saint-Jacques, les conserver au chaud avec le vin réduit et les échalotes.¶ Dans une sauteuse, faire fondre 20 g de beurre. Ajouter la farine. Mélanger à l'aide d'un fouet, juste pour blondir, et verser la crème pour une cuisson de 2 min avec sel et poivre. Retirer du feu et incorporer les deux jaunes d'œuf à l'aide d'un fouet. Ajouter les noix, puis le mélange échalotes-vin blanc.¶ Garnir quatre coquilles ou utiliser un plat de service. Recouvrir avec de la chapelure. Gratiner légèrement au four préchauffé th. 7 (210 °C). Éviter toute cuisson supplémentaire non souhaitée.

Illustration en double-page précédente

Saint-Jacques à la façon de Françoise Lohézic

Quiberonnaise depuis cinq générations

- Saint-Jacques de la baie de Quiberon
- muscadet
- beurre
- champignons de Paris
- oignons
- échalotes
- mie de pain
- lait
- persil
- chapelure
- sel, poivre

Pour cette recette, recueillie par Marie-France Robert, il n'est pas donné de quantités. C'est seulement une façon de procéder.

Garder quatre belles coquilles.¶ Conserver les barbes. Les laver très soigneusement à cause du sable. Les hacher et les faire cuire 20 min avec un peu de muscadet.¶ Faire revenir au beurre les champignons de Paris émincés, les oignons et les échalotes hachés pendant 10 à 15 min. Ajouter les barbes, les noix et le corail coupés grossièrement, pour 4 min de cuisson supplémentaires.¶ Ajouter de la mie de pain légèrement trempée dans du lait et écrasée avec une fourchette, ainsi que du persil haché. Saler et poivrer.¶ Garnir les coquilles. Ajouter une noix de beurre, puis saupoudrer d'un peu de chapelure.¶ Faire dorer au four, th. 6.

Bouchées de Saint-Jacques

Pour 4 personnes

> 12 noix de Saint-Jacques
> 150 g de champignons de Paris
> 20 g + 20 g de beurre
> 5 cl de vin blanc (facultatif)
> 4 bouchées à la reine vides (à se procurer chez le pâtissier)

Béchamel :

> 30 g de beurre
> 30 g de farine
> 3 dl de lait
> 1 dl de crème épaisse
> sel, poivre du moulin

Préparation et cuisson : 40 min

Cuire les noix et le corail dans une sauteuse avec 20 g de beurre durant 1 à 2 min. Préparer et émincer les champignons, puis les cuire dans 20 g de beurre et un peu d'eau ou de vin blanc.¶ Préparer la béchamel : faire chauffer le beurre, puis incorporer la farine ; la remuer et l'écraser avec une cuillère en bois ; avant qu'elle ne roussisse, ajouter le lait, la crème épaisse, le sel et le poivre.¶ Mélanger tous les ingrédients. Garnir les bouchées avec cette préparation.¶ Faire réchauffer au four th. 5 et servir.

La belle Saint-Jacques

Pour 4 personnes

Préparation et cuisson : 60 min

Garder quatre belles coquilles. Ne pas conserver les barbes.¶ Faire sauter les noix de Saint-Jacques dans le beurre pendant 2 min, puis les flamber au cognac. Les laisser refroidir et les couper en deux dans l'épaisseur. Ajouter la crème et les deux jaunes.¶ Garnir les coquilles beurrées et les recouvrir avec de la pâte feuilletée. Enlever l'excédent de pâte, puis les dorer au jaune d'œuf.¶ Cuire au four th. 6 (180 °C). Le feuilletage va se colorer et la préparation sera à la bonne température pour être servie immédiatement.

> 12 à 24 noix de Saint-Jacques selon leur taille
> 50 g de beurre
> 6 cl de cognac
> 250 g de crème épaisse
> 2 jaunes d'œufs
+ 1 jaune d'œuf pour la dorure
> 4 morceaux de pâte feuilletée pour couvrir les Saint-Jacques
> sel, poivre

Salade de Saint-Jacques à la mâche

Pour 4 personnes

Préparation et cuisson : 20 min

> 12 noix de Saint-Jacques surgelées
> 20 g de beurre
> 1 petite betterave rouge
> 200 g de mâche lavée et essorée soigneusement
> 8 tomates cerises (ou 1 tomate coupée en 8)
> 1 citron vert ou du vinaigre de qualité
> 5 cl d'huile d'olive
> sel, poivre

Faire décongeler les noix de Saint-Jacques. Les couper en trois dans le sens de l'épaisseur. Les faire revenir 1 min avec le beurre, dans une poêle antiadhésive.¶ Peler et couper en dés la betterave.¶ Répartir dans quatre assiettes la mâche, les Saint-Jacques et les tomates cerises.¶ Préparer à part la sauce d'assaisonnement avec un jus de citron ou le vinaigre, l'huile d'olive, le sel et le poivre.

Salade de Saint-Jacques au mesclun

Pour 4 personnes

Préparation et cuisson : 30 min

Faire sauter les Saint-Jacques au beurre 3 min maximum.¶ Dresser quatre assiettes avec le mesclun et les noix de Saint-Jacques coupées en trois.¶ Préparer une vinaigrette et ne la servir qu'au dernier moment.

> 8 noix de Saint-Jacques
> 250 g de mesclun
> 1 citron jaune
> vinaigre balsamique de préférence
> huile d'olive
> 30 g de beurre
> sel

Saint-Jacques aux pleurotes et crevettes

Pour 4 personnes

Préparation et cuisson : 30 min

> 20 Saint-Jacques sans corail
> 12 pleurotes
> 48 petites crevettes surgelées ou en conserve gardées au chaud
> 150 g de beurre
> persil plat
> sel, poivre

Préparer les pleurotes et les couper en plusieurs morceaux. Les faire sauter quelques minutes dans la moitié du beurre avec du sel et du poivre. Garder au chaud.¶ Sauter au beurre les Saint-Jacques et les crevettes 1 min de chaque côté. Saler et poivrer.¶ Dresser les Saint-Jacques, les crevettes et les pleurotes sur une assiette chaude. Servir immédiatement.

Terrine de Saint-Jacques aux herbes

Pour 4 personnes

Préparation : 40 min

Cuisson : 1 h 15

Température de cuisson à cœur : 75 °C

> 300 g de noix de Saint-Jacques surgelées sans corail
> 100 g de champignons de Paris
> 20 g de beurre + 20 g pour le moule
> 300 g de filet de merlan (ou de sole)
> 1 cuillère à soupe de cerfeuil haché
> 1 cuillère à soupe de persil haché
> 1 cuillère à soupe d'estragon haché
> 1 gousse d'ail écrasée sans le germe
> 3 œufs
> 200 g de crème épaisse
> 10 cl de vin blanc sec
> sel, poivre de Cayenne

Dégeler les noix de Saint-Jacques.¶ Faire sauter les champignons avec le beurre une fois nettoyés.¶ Mélanger dans un robot (cutter) les Saint-Jacques, le merlan, les champignons, les herbes, l'ail. Dès que la pâte est lisse, ajouter les œufs, la crème, le vin blanc, le sel et le poivre. Garnir une terrine (en plastique de préférence) et largement beurrée.¶ Cuire au bain-marie th. 5 pour obtenir 75 °C à 80 °C à cœur (vérifier au thermomètre). Attendre un complet refroidissement pour démouler.

Illustration en double-page précédente

Saint-Jacques au beurre d'amande

Pour 4 personnes

Préparation et cuisson : 60 min

Garder éventuellement quatre belles coquilles.¶ Disposer dans un récipient le beurre, la poudre d'amande, l'ail, le persil plat, les échalotes, le sel et le poivre. Travailler le tout à la spatule.¶ Dans des coquilles vides ou dans un récipient pouvant aller au four, disposer les noix de Saint-Jacques, le corail éventuellement, le tout coupé en gros morceaux. Garnir avec le beurre d'amande. Passer au four, sous le gril, 2 à 3 min environ afin de colorer la poudre d'amande et de cuire les Saint-Jacques.

> 12 coquilles Saint-Jacques avec ou sans corail
> 250 g de beurre mou
> 100 g de poudre d'amande
> 4 gousses d'ail très finement hachées
> 4 branches de persil plat haché (sans les queues)
> 50 g d'échalotes finement hachées
> sel, poivre du moulin

Saint-Jacques à la crème à l'étouffée

Pour 4 personnes

Préparation et cuisson : 30 min

- > 16 à 20 coquilles Saint-Jacques selon leur taille
- > 4 échalotes finement hachées
- > 40 g de beurre
- > 20 g de farine
- > 8 cl de vin blanc sec
- > 150 g de crème UHT
- > 4 morceaux de pâte feuilletée de la taille d'une coquille
- > 1 ou 2 œufs pour la dorure
- > sel, poivre du moulin

Garder quatre coquilles et leur couvercle.¶ Cuire les échalotes dans le beurre. Dès qu'elles sont transparentes, y verser la farine et à l'aide du fouet incorporer le vin blanc, la crème, le sel, le poivre pour 2 min de cuisson. Réserver le tout.¶ Couper les noix en deux dans l'épaisseur.¶ Dorer les quatre bandes de feuilletage des deux côtés à l'œuf battu. Les disposer sur les coquilles, ajouter les noix et la préparation aux échalotes, puis le couvercle. Cuire les coquilles au four th. 7 (210 °C) jusqu'à coloration de la pâte.

Saint-Jacques au beurre d'escargot

Pour 4 personnes

Préparation et cuisson : 30 min

Conserver seulement les noix et le corail. Réserver et éventuellement congeler les barbes. Garder 4 belles coquilles.¶ Préparer la farce au robot, en mélangeant le beurre, le persil, la chapelure et la poudre d'amande.¶ Couper les noix en deux rondelles. Disposer dans les coquilles les noix et le corail. Recouvrir avec la farce et la chapelure. Passer au four th. 7 (210 °C) pour juste gratiner (c'est suffisant pour cuire les Saint-Jacques). Servir très chaud.

> 8 coquilles Saint-Jacques
> 200 g de beurre demi-sel
> 50 g de persil plat haché
> 50 g de chapelure blanche et de poudre d'amande
> 1 g de poivre
> 2 gousses d'ail écrasées (facultatif)

Omelette aux noix de Saint-Jacques

selon Bernard Stradi

Pour 4 personnes

Préparation et cuisson : 20 min

> 16 coquilles Saint-Jacques
> 75 g de beurre
> 4 cl de calvados
> 8 œufs
> 10 g de farine
> 100 g de crème fraîche
> sel de Guérande, poivre du moulin

Court-bouillon :

> thym
> 1 feuille de laurier
> jus d'un demi-citron

Préparer le court-bouillon : dans une casserole, mettre 1 l d'eau salée et poivrée, le thym, le laurier et le jus de citron. Faire prendre l'ébullition, puis y plonger les noix et le corail 4 min au maximum. Ôter alors les coquillages et égoutter soigneusement.¶ Dans une sauteuse ou une poêle, mettre 25 g de beurre. Lorsqu'il est chaud, y mettre les coquilles à revenir pendant 1 min. Verser le calvados, puis réserver le tout au chaud.¶ Dans une casserole, faire fondre 25 g de beurre. Ajouter la farine en remuant sans cesse à l'aide d'une cuillère en bois. Ajouter ensuite le contenu de la sauteuse (coquilles et jus de cuisson) en remuant toujours. Laisser prendre quelques bouillons avant d'ôter la casserole du feu. Incorporer alors soigneusement la crème fraîche à l'aide d'une cuillère en bois. Réserver au chaud.¶ Casser les œufs dans un saladier et battre vigoureusement à la fourchette pour obtenir un liquide homogène. Saler et poivrer.¶ Dans une poêle, faire fondre le reste du beurre. Lorsqu'il est bien chaud, verser les œufs battus. Baisser le feu dès que le mélange commence à prendre. Lever le bord délicatement tout autour à l'aide d'une spatule pour faire couler le liquide de surface vers le dessous. En cours de cuisson, remuer délicatement pour éviter la prise au fond.¶ Lorsque l'omelette est cuite à votre goût, la faire glisser dans le plat de service préalablement chauffé. Répartir par-dessus les coquilles et leur sauce. Servir aussitôt très chaud.

Saint-Jacques à la provençale

Pour 4 personnes

Préparation et cuisson : 50 min

Ne conserver que les noix et le corail des Saint-Jacques et éventuellement quatre belles coquilles. ¶ Faire revenir 2 min les noix et le corail à l'huile d'olive. Réserver. ¶ Dans une sauteuse, cuire les échalotes, réchauffer la courgette et le poivron, les pignons, les olives, le jus de citron, l'ail, le sel, le poivre, l'origan et le persil. Ajouter les noix au moment de servir. ¶ Disposer soit dans un plat, soit dans quatre coquilles.

> 16 noix de Saint-Jacques
> 4 cl d'huile d'olive
> 2 échalotes finement hachées
> 1 courgette (cuite) coupée en rondelles
> 1 poivron rouge (cuit) coupé en petits morceaux
> 40 g de pignons de pin
> 40 g d'olives de Nice
> 1/2 citron pressé
> 3 gousses d'ail écrasées, 1/3 de bouquet de persil haché
> sel, poivre, origan (1 pincée)

Saint-Jacques à la béarnaise

Pour 4 personnes

- > 16 coquilles Saint-Jacques
- > 25 g + 150 g de beurre très mou
- > 5 cl de vin blanc
- > 5 cl de vinaigre à l'estragon
- > 2 échalotes finement hachées
- > 4 jaunes d'œufs
- > estragon et cerfeuil hachés
- > sel et poivre en mignonnette

Préparation et cuisson : 40 min

Préparer la sauce béarnaise : verser dans une casserole vin blanc, vinaigre, échalotes, poivre et sel. Cuire jusqu'à la réduction du liquide à une cuillère à soupe. Laisser refroidir. Incorporer à l'aide d'un fouet les jaunes d'œufs. Remettre sur le feu doux pour une liaison des jaunes. Incorporer 150 g de beurre par petites quantités à l'aide d'un fouet comme pour une mayonnaise.¶ Passer au tamis si on désire enlever les échalotes.¶ Ajouter l'estragon et le cerfeuil. ¶ Faire revenir les noix de Saint-Jacques dans 25 g de beurre 2 min maximum, disposer quatre noix dans chaque coquille et recouvrir de sauce béarnaise. Servir immédiatement.

Saint-Jacques aux piments d'Espelette

Pour 4 personnes

Préparation et cuisson : 40 min

Garder éventuellement quatre belles coquilles.¶ Faire sauter avec la moitié du beurre durant 2 min les noix de Saint-Jacques. Les réserver au chaud.¶ Cuire les échalotes dans le reste du beurre, déglacer avec le cognac et le vin blanc. Y ajouter le coulis de tomates, le piment d'Espelette haché, l'origan et le sel. Laisser cuire 10 min. Lier à la fécule mélangée avec une cuillerée d'eau si la sauce est trop liquide.¶ Verser la préparation dans les coquilles ou le plat de service chaud et disposer les noix de Saint-Jacques. Servir immédiatement.

> 12 à 16 noix de Saint-Jacques selon leur taille
> 60 g de beurre
> 3 échalotes hachées finement
> 3 cl de cognac
> 20 cl de vin blanc sec
> 50 g de concentré de tomates + 50 g d'eau ou 100 g de coulis
> 1 piment d'Espelette haché (sans les graines)
> 1 c. à café d'origan
> 6 g de fécule de pomme de terre pour la sauce (facultatif)
> sel

Saint-Jacques du pays d'Auge

Pour 4 personnes

- 12 noix de Saint-Jacques
- 2 échalotes
- 20 g de beurre
- 10 cl de calvados
- 5 cl de vin blanc sec
- 20 cl de fumet ou l'équivalent « tout prêt »
- 1,5 dl de crème liquide
- sel, poivre

Préparation et cuisson : 35 min

Couper les noix de Saint-Jacques dans l'épaisseur. Garder quatre belles coquilles.¶ Éplucher les échalotes et les hacher finement, puis les faire revenir dans 20 g de beurre.¶ Réduire le calvados et le vin blanc aux deux tiers, ajouter les échalotes, le fumet, la crème, le sel et le poivre. Continuer à réduire pour obtenir une sauce onctueuse. Vérifier l'assaisonnement.¶ Verser un peu de sauce chaude dans les coquilles et répartir les noix. Recouvrir complètement avec la sauce chaude.¶ Passer au gril préchauffé. Dès que la sauce sera dorée, les coquilles seront cuites.¶ Servir immédiatement.

Saint-Jacques à la pomme normande

Pour 4 personnes

Préparation et cuisson : 60 min

Vider les pommes, les couper en quatre sur une partie de leur hauteur. Les cuire au four 15 à 20 min et y planter des morceaux de réglisse.¶ Émincer en copeaux un bâton et le faire infuser dans la crème pendant 10 min. Retirer le bois de réglisse. Saler et poivrer la crème. Si elle n'est pas assez épaisse, utiliser de la fécule avec une courte ébullition.¶ Dans une sauteuse, faire cuire 2 min les Saint-Jacques. Disposer comme sur la photo avant de servir.

> 12 coquilles Saint-Jacques
> 4 pommes
> 5 bâtons de réglisse
> 300 g de crème liquide
> 1 cuillère à café de fécule de pomme de terre (facultatif)
> beurre
> sel, poivre du moulin

Saint-Jacques à la nantaise

Pour 4 personnes

- > 12 grosses coquilles Saint-Jacques ou 16 moyennes
- > 700 g de moules de bouchot
- > 1/2 bouteille de muscadet
- > 100 g de petits champignons de Paris émincés
- > 50 g de beurre
- > jus d'un demi-citron

Sauce :

- > 50 g de beurre
- > 50 g de farine
- > jus de cuisson
- > sel, poivre

Préparation et cuisson : 40 min

Garder éventuellement quatre belles coquilles.¶ Faire revenir les moules dans le vin blanc, jusqu'à ce qu'elles s'ouvrent. Les décoquiller et les réserver. Filtrer et conserver le jus de cuisson.¶ Couper les Saint-Jacques en trois dans l'épaisseur ainsi que le corail. Jadis, on utilisait les barbes, mais cela ne se fait plus.¶ Préparer et faire revenir les champignons avec le beurre et le citron.¶ Pocher les Saint-Jacques dans le jus filtré des moules, puis les réserver.¶ Réduire le jus de cuisson à 1/2 l.¶ Préparer la sauce : avec le beurre (50 g), la farine (50 g) et le jus de cuisson des moules, faire une béchamel (10 min de cuisson).¶ Incorporer dans la sauce, salée et poivrée, les moules, les Saint-Jacques et les champignons. Disposer soit dans des coquilles beurrées, soit dans un plat à gratiner beurré. Passer quelques minutes au four.

Illustration en double-page précédente

Brochettes de Saint-Jacques au lard fumé

Pour 4 personnes

Préparation et cuisson : 35 min

Saler et poivrer peu les noix de Saint-Jacques. Les entourer avec des tranches de lard fumé. En disposer trois par brochette. Les griller au four ou les cuire à la poêle 4 à 5 min.¶ Servir sur assiette chaude avec un demi-citron.

> 24 noix de Saint-Jacques sans corail (pour 8 brochettes de 3 Saint-Jacques)
> 24 tranches fines de lard fumé
> 2 citrons coupés en deux pour le service
> beurre ou huile pour la cuisson
> sel, poivre du moulin

Matériel :

> 8 brochettes en bois de 15 cm de long

Saveurs d'ailleurs

Saint-Jacques aux épices du Kerala

Pour 4 personnes

Préparation et cuisson : 60 min

> 16 noix de Saint-Jacques
> 24 oignons grelots épluchés
> 20 g de sucre
> 1,5 dl de vin blanc
> 5 cl d'huile d'olive
> 4 clous de girofle entiers
> 12 cm de bâton de cannelle broyé
> 60 g de raisins secs du Chili sans pépins
> 15 g de graines de coriandre broyées
> 30 g de beurre
> 5 g de sel

Faire un caramel blond en remuant le sucre avec une cuillère en bois (sans liquide). Le décuire avec le vin blanc. Y verser l'huile et remettre sur le feu pour dissoudre le sucre.¶ Ajouter les épices, les raisins et les oignons jusqu'à ce que ceux-ci soient tendres. Réserver au chaud.¶ Faire sauter les Saint-Jacques avec le beurre, saler. Réserver au chaud.¶ Dresser comme indiqué sur la photo et servir sur assiette chaude.

Illustration en double-page précédente

Salade de Saint-Jacques aux épices Tandori

Pour 4 personnes

Préparation et cuisson : 20 min

> 12 Saint-Jacques
> salade de votre choix
> 2 mangues bien mûres servies sans cuisson
> 30 g de beurre
> 6 g d'épices Tandori (2 cuillères à café rases)
> 3 cl de vinaigre ou 1 jus de citron et jus d'orange
> 2 dl de crème liquide
> 6 cl d'huile
> sel

Couper les Saint-Jacques en deux dans l'épaisseur. Conserver intact le corail.¶ Laver la salade.¶ Éplucher et couper les mangues en grosse julienne.¶ Faire sauter les noix et le corail avec le beurre.¶ Dans une poêle, verser les épices Tandori, les jus de fruit ou le vinaigre. Ajouter la crème pour une courte ébullition, puis l'huile et le sel.¶ Dresser la salade avec les Saint-Jacques, le corail, les mangues et la sauce.

Illustration ci-contre

Sharwood's
INDIA
PATE
POUR SAUCE
TANDOORI
CONCENTREE

Fricassée mixte de Saint-Jacques et de moules au curry

Pour 4 personnes

> 12 noix de Saint-Jacques fraîches ou surgelées sans corail
> 12 grosses moules ou 24 moyennes
> 16 branches d'épinard
> 50 cl de crème fraîche
> 30 g de beurre
> 1 cuillère à café rase de curry
> sel, poivre

Préparation et cuisson : 60 min

Laver et gratter les moules, les cuire dans une casserole à sec, les retirer dès leur ouverture, les décoquiller. Réserver au chaud.¶ Laver et équeuter les épinards, les cuire à grande ébullition 3 à 4 min. Les égoutter et réserver au chaud.¶ Dans une casserole, disposer la crème fraîche mélangée avec le sel, le poivre, le curry, pour une très courte ébullition.¶ Faire sauter les noix dans une poêle, avec le beurre, durant 2 min de chaque côté.¶ Dresser sur les assiettes chaudes comme présenté sur la photo.

Accras de Saint-Jacques à la pâte à choux

Pour 4 personnes

Préparation et cuisson : 35 min

Préparer la pâte à choux. Mettre l'eau dans une casserole avec le sel, le piment et le beurre. À ébullition, ajouter la farine. Retirer du feu et mélanger avec une cuillère en bois.¶ Remettre sur le feu pour dessécher la pâte, en la remuant sans arrêt durant 5 min.¶ Ajouter les œufs un par un, puis les noix et à l'aide d'une cuillère, en verser de petites quantités dans l'huile chaude (160 °C). Dès qu'ils sont dorés, les retirer.¶ Saler éventuellement.

> 200 g de noix de Saint-Jacques hachées

Pâte à choux :

> 350 cl d'eau

> 150 g de beurre

> 200 g de farine

> 5 œufs

> 1 pincée de piment de Cayenne en poudre

> sel

Beignets de Saint-Jacques à la japonaise

Pour 4 personnes

Préparation et cuisson : 35 min

Couper les Saint-Jacques en deux dans l'épaisseur, sauf le corail. Ajouter sel, poivre et 5 épices.¶ Préparer la pâte à beignets en mélangeant la farine, la levure, la bière, les œufs, l'huile et les 5 épices. La consistance doit être celle d'une pâte à crêpes épaisse. Laisser reposer 1 h.¶ Tremper les noix dans la pâte et les cuire rapidement dans une friture à 160 °C. Les retirer dès coloration de la pâte.¶ Procéder en plusieurs fois.

> 12 noix de Saint-Jacques coupées en deux dans l'épaisseur

Pour la pâte :

> 300 g de farine

> 10 g de levure en poudre

> 33 cl de bière

> 3 œufs

> 1/3 de verre d'huile

> 5 épices

> poivre

> 5 g de sel

Saint-Jacques à la vapeur de thé de Chine

Pour 4 personnes

Préparation et cuisson : 60 min

> 4 grosses coquilles Saint-Jacques (ou 8 moyennes)
> thé vert de Chine
> 120 g de riz de Chine
> feuilles de coriandre ou d'aneth
> sel, poivre du Szechuan

Matériel :

> 4 paniers à vapeur individuels en bambou

Faire un thé vert de Chine très fort. Le filtrer.¶ Verser le thé dans une casserole. Allumer le feu. Disposer au-dessus de la casserole une grille, les paniers de bambou garnis de Saint-Jacques avec les feuilles de coriandre ou d'aneth. Saler et poivrer. Tester la cuisson à l'aide d'une sonde (de préférence).¶ Cuire du riz de Chine. Le présenter avec des sauces : sauce soja, chili oil.

Salade de Saint-Jacques aux shiso leaves

Pour 4 personnes

Préparation et cuisson : 20 min

Faire sauter les Saint-Jacques au beurre 2 à 3 min. Saler et poivrer. Réserver.¶ Mélanger la crème épaisse et le fromage blanc (au besoin l'égoutter) avec sel, poivre, persil et aneth et disposer comme sur la photo avec des feuilles de shiso.

> 16 Saint-Jacques avec le corail
> 40 g de beurre
> 250 g de crème épaisse
> 250 g de fromage blanc
> 1/4 botte de persil haché
> aneth
> feuilles de shiso
> sel, poivre

Saint-Jacques aux cardons à l'espagnole

Pour 4 personnes

- > 12 à 16 noix de Saint-Jacques
- > 4 tiges de cardons
- > 1 l de bouillon
- > 15 cl d'huile d'olive
- > 40 g de beurre
- > 60 g de noix de Grenoble séchées + 10 g pour le décor
- > 1 cuillère à soupe de fécule de pomme de terre (facultatif)
- > sel, poivre du moulin

Préparation et cuisson : 3 h

Éplucher les cardons, rejeter les feuilles. Couper les tiges en morceaux. Blanchir à l'eau bouillante salée ; la pellicule qui recouvre les cardons (le limon) se détache alors facilement. Les jeter dans l'eau froide et les frotter rapidement entre les mains. Les égoutter, puis les cuire dans une casserole dans l'huile, le sel et poivre. Couvrir avec le bouillon. Cette cuisson longue (3 h) peut se faire à l'autocuiseur environ 1 h.¶ Retirer les cardons et faire réduire la cuisson. Éventuellement la lier à la fécule. Verser sur les cardons.¶ Piler les noix pour obtenir une pâte. Poivrer.¶ Cuire les noix de Saint-Jacques et les dresser sur une assiette avec la pâte et les cardons. Pour la décoration, ajouter des cerneaux de noix.

Saint-Jacques sautées au beurre, quenelles au curcuma, riz à la verveine

Pour 6 personnes

Préparation et cuisson : 40 min

Garder les coquilles.¶ Faire une pâte à choux avec les ingrédients indiqués ci-dessus. Cuire cette pâte à l'eau, à l'aide d'une poche garnie d'une douille « pâte à choux ».¶ Faire cuire du riz dans de l'eau salée dans laquelle on a infusé de la verveine.¶ Faire sauter les noix 2 à 3 min dans le beurre. Les présenter dans les coquilles avec les quenelles et les échalotes. Passer quelques minutes au four.¶ Servir le riz à part.

- 20 noix de Saint-Jacques
- 4 échalotes hachées et sautées avec 30 g de beurre
- 50 g de beurre salé
- 150 g de riz
- verveine

Pâte à choux :

- 125 g d'eau
- 50 g de beurre salé
- 80 g de farine
- 2 noix de Saint-Jacques crues passées au cutter
- 2 cuillerées à café rases de poudre de curcuma
- un peu de poivre

Saint-Jacques aux tagliatelles noires

> 12 coquilles Saint-Jacques
> 250 g de tagliatelles noires
> 2 cl d'huile d'olive pour la cuisson des pâtes
> 1 cl d'huile d'olive pour la cuisson des Saint-Jacques
> 1/2 bouquet de basilic
> 80 g de parmesan râpé

Pour 4 personnes

Cuire les tagliatelles avec 2 cl d'huile d'olive et suivre le temps de cuisson indiqué par le fabricant.¶ Sauter les Saint-Jacques à l'huile.¶ Pâtes et coquilles cuites, mélanger le tout. Garder 1 à 2 min au chaud. Parsemer de basilic haché. Servir avec le parmesan à part.

Illustration en double-page précédente

Salade de coquilles Saint-Jacques au marsala

> 12 coquilles Saint-Jacques
> 1 sachet de court-bouillon (ou voir recette p.32)
> 200 g de crème fraîche épaisse
> 2 cuillères à soupe rases de moutarde à l'ancienne
> 2 cuillères à café de paprika
> 1 cl de vinaigre balsamique
> 4 cuillères à soupe d'huile
> 4 cuillères à soupe de marsala
> sel et poivre

Pour 4 personnes

Préparation et cuisson : 25 min

Dès que le court-bouillon a bouilli, y plonger les noix et le corail pour 3 à 4 min de cuisson. Les égoutter et les laisser refroidir. Couper les noix et les coraux en deux.¶ Mélanger la crème avec la moutarde, le paprika, le vinaigre, l'huile, le marsala, le sel, le poivre et vérifier le goût. Répartir dans quatre coupes la préparation.¶ Disposer harmonieusement les Saint-Jacques refroidies. Servir frais.

Saint-Jacques aux cardons à la piémontaise

Pour 4 personnes

Préparation et cuisson : 40 min

Nettoyer et essuyer les cardons. Ne pas les laver. Les couper en morceaux.¶ Sauter les Saint-Jacques 2 à 3 min au beurre avec sel et poivre. ¶ Dresser sur une assiette les cardons avec l'huile et le jus de citron, le sel (peu) et le poivre.¶ Disposer ensuite les Saint-Jacques recouvertes de lamelles de truffe et de filets d'anchois.

> 12 noix de Saint-Jacques
> des cardons très tendres
> 40 g de beurre
> 12 filets d'anchois
> 4 cl d'huile d'olive
> 1/2 citron (le jus)
> 1 truffe blanche (facultatif)
> sel, poivre

Les Saint-Jacques aux légumes et aux fruits

Saint-Jacques aux lanières de légumes

Pour 4 personnes

> 16 ou 20 noix de Saint-Jacques (selon la taille)
> 1 carotte épluchée coupée en lanières (avec un économe)
> 1 panais ou 1 poireau épluché coupé en lanières (avec un économe)
> 1 courgette coupée en lanières (avec un économe)
> 100 g de beurre
> 4 cl de cognac, 4 cl de xérès ou de vin blanc sec
> 25 cl de crème fraîche
> 2 jaunes d'œuf
> 8 g de fécule de pomme de terre (si la sauce est trop liquide)
> sel, poivre du moulin (peu)

Préparation et cuisson : 40 min

Pocher les lanières des trois légumes dans de l'eau bouillante salée afin de les cuire en partie. Les égoutter.¶ Dans une sauteuse contenant 40 g de beurre, mettre les coquilles Saint-Jacques, le cognac et le xérès. Saler et poivrer, puis couvrir pour 2 min d'ébullition. Égoutter les coquilles et les tenir au chaud en évitant de les cuire.¶ Dans la sauteuse, avec le jus de cuisson, ajouter le beurre restant et la crème, et mélanger à l'aide d'une cuillère en bois puis y incorporer les jaunes d'œuf et épaissir la sauce.¶ Ajouter les lanières et mélanger délicatement.¶ Servir dans le plat chaud ou dans les coquilles et disposer les noix de Saint-Jacques. Servir tout de suite.

Illustration en double-page précédente

Saint-Jacques aux trois légumes : panais, carottes, courgettes

Pour 4 personnes

Préparation et cuisson : 40 min

- > 12 belles noix de Saint-Jacques toutes prêtes
- > 2 petits panais
- > 2 carottes
- > 2 courgettes
- > 40 g de beurre
- > 6 échalotes
- > 15 cl de vin blanc
- > sel, poivre

Couper les légumes en bandes de 2 à 3 mm d'épaisseur, 2 cm de largeur et 15 cm de longueur. Cuire à l'eau bouillante salée 10 min. Les égoutter soigneusement et conserver au chaud.¶ Hacher finement les échalotes, les cuire dans le vin blanc jusqu'à ce qu'elles deviennent translucides, avec sel et poivre.¶ Sauter les noix de Saint-Jacques 2 min d'un côté et 1 min de l'autre. Saler et poivrer.¶ Disposer dans des coquilles beurrées les Saint-Jacques, les légumes et les échalotes avec leur jus de cuisson.¶ Servir sans tarder.

Saint-Jacques aux petits légumes

- 8 noix de Saint-Jacques (2 par personne)
- 2 petits navets
- 2 petites carottes
- 1 courgette
- 8 grandes feuilles d'épinard
- 2 échalotes grises pelées et finement hachées
- 1 dl de vin blanc
- 4 tiges de ciboulette ciselées
- 100 g de beurre
- 1 cuillerée à soupe de crème
- sel, poivre

Pour 4 personnes

Préparation et cuisson : 35 min

Garder les coquilles.¶ Peler les carottes et les navets, les couper en petits dés (julienne). Laver la courgette sans l'éplucher, et la couper en petits dés. Cuire les légumes 10 min dans de l'eau bouillante salée. Les égoutter.¶ Blanchir les épinards 10 secondes à l'eau salée. Rafraîchir à l'eau glacée.¶ Faire revenir l'échalote dans un peu de beurre et ajouter le vin blanc pour 10 min de cuisson. Ajouter les noix et les faire revenir 2 min. Les retirer. Ajouter les légumes et mélanger avec un fouet en ajoutant le reste de beurre très mou et la crème.¶ Garnir les coquilles d'une feuille d'épinard et y déposer les légumes après avoir vérifié l'assaisonnement. Parsemer de ciboulette hachée.¶ Répartir les noix et servir.

Tarte feuilletée aux Saint-Jacques et au fenouil

Pour 4 personnes

- 12 noix et coraux de Saint-Jacques
- 300 g de pâte feuilletée au beurre
- 2 jaunes d'œuf
- 2 bulbes de fenouil
- 50 g de crème
- 1/2 citron
- 30 g de beurre
- sel, poivre, trace de poudre de curry

Préparation et cuisson : 70 min

Étaler la pâte feuilletée en carré sur la plaque à pâtisserie. Découper des bandes pour faire les quatre côtés et les badigeonner d'un jaune d'œuf pour les faire tenir. Piquer un peu par endroits la pâte avec une fourchette pour l'empêcher de gonfler.¶ Émincer les fenouils et les faire cuire dans une sauteuse avec un peu d'eau (5 cl), 15 g de beurre, sel et poivre. Couvrir pour une cuisson douce de 20 min.¶ À part, mélanger la sauce de cuisson avec l'autre jaune d'œuf, la crème, le sel, le poivre et le curry. Verser dans la sauteuse et faire réduire l'ensemble pendant 5 min.¶ Disposer cette préparation dans la tarte.¶ Cuire au four jusqu'à coloration.¶ Sécher les noix au papier absorbant. Les couper en deux dans l'épaisseur. Avec très peu de beurre, les poêler 30 secondes sur chaque face. Saler et poivrer. Faire sauter les coraux sans les couper. Répartir sur la tarte chaude et servir sans attendre.

Salade de Saint-Jacques aux poireaux

Préparation et cuisson : 35 min

Faire bouillir le vin 5 min. Y déposer les Saint-Jacques coupées en deux dans l'épaisseur, sauf le corail. Saler et poivrer pour les pocher 4 min. Les égoutter.¶ Éplucher les poireaux, supprimer la partie verte. Les laver, les émincer et les disposer dans une casserole d'eau bouillante salée. Dès le retour de l'ébullition, cuire 5 à 6 min. Les égoutter et les verser dans de l'eau froide avec des glaçons pendant 10 min. Les égoutter à nouveau.¶ Éplucher et couper en fines rondelles les oignons doux. Couper la tomate en dés.¶ Préparer la vinaigrette.¶ Disposer les légumes et les noix. Y verser la vinaigrette. Décorer avec du persil.

> 8 Saint-Jacques
> 10 cl de vin blanc
> 3 blancs de poireaux
> 2 oignons doux rouges
> 1 tomate bien mûre
> 2 cuillères à soupe de vinaigre de vin
> 1/4 cuillère à soupe de vinaigre balsamique
> 5 cuillerées à soupe d'huile d'olive
> persil plat, sel, poivre

Saint-Jacques sur coussin d'aubergine

Pour 1 personne

- > 3 noix de Saint-Jacques
- > 3 tranches d'aubergine
- > 40 g + 20 g de beurre
- > 4 tiges de ciboulette
- > 30 g de crème épaisse
- > sel et poivre

Préparation et cuisson : 25 min

Couper trois tranches d'aubergine de 1,5 cm d'épaisseur et les cuire au beurre des deux côtés, puis saler et poivrer. Réserver au chaud.¶ Sauter les noix de Saint-Jacques 2 min. Couper finement la ciboulette et l'incorporer dans la crème, saler et poivrer.¶ Dresser les noix de Saint-Jacques sur les tranches d'aubergine. Servir la crème à part.

Noix de Saint-Jacques au caviar d'aubergine

Recette d'Éric Gicquel

Pour 4 personnes

Préparation et cuisson : 45 min

Préchauffer le four à 180 °C.¶ Mettre les aubergines dans le four, enveloppées dans de l'aluminium, 30 à 40 min (ou dans la cheminée).¶ Récupérer la pulpe, la dessécher dans une casserole chaude, ajouter deux pincées de curry et une gousse d'ail hachée. Rajouter deux cuillères à soupe d'huile d'olive. Bien mélanger en purée, saler et poivrer.¶ Faire la vinaigrette : chauffer 1 dl de vinaigre de vin et laisser réduire à une cuillère à soupe. Poêler les Saint-Jacques 3 min et les assaisonner. Mélanger l'ensemble.

> 16 coquilles Saint-Jacques coupées en tranches
> 2 aubergines moyennes
> 2 pincées de curry
> 1 gousse d'ail
> 2 cuillères à soupe d'huile d'olive
> 1 dl de vinaigre de vin
> mâche
> sel, poivre

Coquilles Saint-Jacques à l'ail fumé d'Arleux ou à l'ail blanc

Pour 4 personnes

Préparation et cuisson : 30 min

Éplucher les gousses d'ail et les émincer finement.¶ Dans une poêle, avec un peu d'huile d'olive, les faire griller (se méfier, l'ail brûle facilement). Réserver au chaud.¶ Cuire les Saint-Jacques au beurre ou à l'huile des deux côtés pas plus de 2 min. Saler et poivrer.¶ Dresser dans un plat ou dans une assiette chaude. Décorer avec l'ail, les tomates et l'aneth. On peut, si on le désire, ajouter un peu de beurre fondu.

> 12 noix de Saint-Jacques avec leur corail
> 2 têtes d'ail d'Arleux ou blanc
> huile d'olive ou beurre
> 8 tomates cerises
> aneth pour le décor (facultatif)
> sel, poivre

Illustration en double-page suivante

Saint-Jacques à la confiture d'échalotes

Pour 4 personnes

Préparation et cuisson : 50 min

- > 16 à 20 coquilles Saint-Jacques suivant leur grosseur
- > 250 g d'échalotes coupées en lamelles
- > 30 g de beurre + 30 g pour sauter les Saint-Jacques
- > 30 g de cassonade
- > 2 cl de vinaigre de vin
- > 10 cl de vin blanc
- > sel, poivre du moulin

Confiture d'échalotes : couper les échalotes en lamelles. Les cuire dans le beurre sans les colorer. Ajouter la cassonade pour légèrement caraméliser, puis le vinaigre, le vin blanc et porter doucement à ébullition pour réduire le jus jusqu'à pratiquement toute l'absorption du liquide. Saler et poivrer.¶ Sauter au beurre pendant 2 min les noix de Saint-Jacques, salées et poivrées. Disposer sur les assiettes.

Saint-Jacques céleri boule

Pour 4 personnes

Préparation et cuisson : 70 min

- > 12 à 16 coquilles Saint-Jacques avec leur corail
- > 1 petite boule de céleri
- > 200 g de beurre
- > 2 échalotes finement hachées
- > 1 dl de vin blanc sec
- > 2 dl de crème UHT de préférence
- > cerfeuil ou ciboulette
- > sel, poivre blanc du moulin

Éplucher le céleri et tailler des rectangles pour en tirer des tranches de 3 mm d'épaisseur et les couper en bâtonnets de longueur semblable de 3 mm sur 3 mm, comme des allumettes. Cuire ces bâtonnets à l'eau bouillante salée 3 à 4 min. Les rafraîchir et les égoutter. Ils doivent être un peu croquants.¶ Dans une poêle, avec un peu de beurre, cuire les noix 1 min de chaque côté. Retirer et réserver au chaud. Dans le beurre de cuisson, ajouter les échalotes hachées. Cuire sans colorer. Déglacer avec le vin blanc et le réduire presque complètement. Y verser la crème salée et poivrée. Avec le beurre restant, faire sauter le céleri pour une légère coloration.¶ Disposer les noix soit sur assiette, soit sur un plat de service chaud, en rond avec un petit bouquet de céleri au centre. Décorer avec du cerfeuil ou de la ciboulette.

Saint-Jacques aux blettes

Pour 4 personnes

Préparation et cuisson : 60 min

Laver les feuilles de blettes et éliminer les côtes les plus grosses. Les cuire à grande ébullition 5 à 6 min. Les égoutter soigneusement et les hacher. Incorporer la crème, avec le sel, le poivre et la muscade. Réserver au chaud.¶ Cuire les Saint-Jacques au beurre 2 min. Saler et poivrer. Flamber avec le cognac, puis mélanger avec la crème.¶ Dresser sur assiette chaude comme sur la photo.

> 12 noix de Saint-Jacques avec corail
> 500 g de feuilles de blettes
> 150 g de crème fraîche
> 30 g de beurre
> 3 cl de cognac
> sel, poivre, muscade (très peu)

La godaille de Saint-Jacques aux poivrons

Pour 2 personnes

Préparation et cuisson : 60 min

Pour le marin, la godaille est le produit non commercialisable de la pêche. Dans ce cas, ce sont des coquilles cassées par la drague.

Retirer le corail de la Saint-Jacques. Le mixer avec la crème et le cuire 5 min. Réserver dans un petit récipient.¶ Couper les poivrons et les sauter au beurre pour les cuire. Réserver.¶ Dans une sauteuse, avec un peu de beurre, cuire les noix environ 2 min. Saler et poivrer. Présenter sur assiette chaude comme sur la photo et décorer avec le fenouil.

> godaille de Saint-Jacques
> 60 g de crème
> 1/2 poivron vert
> 1/2 poivron rouge
> fenouil (décoration)
> 20 g + 20 g de beurre
> sel, poivre

Noix de Saint-Jacques et leur pavé de brocolis

Pour 4 personnes

Préparation et cuisson : 40 min

Faire sauter les Saint-Jacques au beurre 1 à 2 min, saler et poivrer.¶ Cuire les brocolis à l'eau bouillante salée 10 min environ. Les égoutter et en réserver pour la décoration.¶ Avec les brocolis restants, faire une purée. Ajouter la crème, les œufs, saler et poivrer.¶ Beurrer des ramequins et les garnir de cette purée. Cuire au four jusqu'à consistance.¶ Dresser sur les assiettes chaudes le pavé de brocolis et les Saint-Jacques, décorer de brocolis. Servir tout de suite.

> 18 à 20 coquilles Saint-Jacques avec leur corail
> 1,2 kg de brocolis
> 200 g de crème épaisse
> 2 œufs
> 40 g de beurre
> persil plat
> ciboulette
> sel, poivre

Saint-Jacques aux orties

Pour 6 personnes

Préparation et cuisson : 45 min

- > 12 coquilles Saint-Jacques
- > 500 g d'orties
- > 1 bouquet de persil (lavé)
- > 250 g de fromage de chèvre frais
- > 50 g de parmesan râpé
- > 50 g de comté râpé
- > 3 œufs
- > 30 g d'huile d'olive
- > beurre
- > noix de muscade râpée
- > sel, poivre

Pour la pâte :

- > 250 g de farine
- > 150 g de beurre
- > 1 jaune d'œuf
- > 5 g de sel

Pour la pâte, mélanger la farine, le beurre mou, le sel, le jaune, 8 cl d'eau froide. Former un pâton et laisser 20 min au réfrigérateur, couvert d'une feuille de plastique.¶ Laver et rincer les orties (utiliser des gants). Les blanchir à l'eau bouillante salée pendant 3 min. Les égoutter. Dès qu'elles sont froides, les presser dans vos mains pour en retirer le maximum d'eau.¶ Hacher le persil après avoir retiré les queues. Hacher grossièrement les orties.¶ Dans un saladier, mélanger le chèvre frais avec les fromages râpés, les œufs, le sel, le poivre, la muscade, l'huile d'olive, les orties et le persil.¶ Garnir un cercle ou une tourtière avec la pâte et y verser la préparation. Cuire au four th. 7 (210 °C) pendant 10 min, puis baisser à 6 (180 °C) pour terminer la cuisson.¶ Pour servir, disposer les noix de Saint-Jacques juste poêlées, salées et poivrées, sur la tarte. Servir immédiatement après le démoulage.¶ Cette tarte étant fragile, préférer un cercle ou un moule démontable.

Saint-Jacques à la fondue d'endives

Pour 4 personnes

Préparation et cuisson : 40 min

Blanchir à l'eau bouillante les endives après les avoir préparées. Les égoutter et les couper en tranches de 8 à 10 mm. Les faire sauter 7 à 8 min dans 100 g de beurre, saler et poivrer, ajouter la crème.¶ Dans une sauteuse, cuire avec 30 g de beurre les Saint-Jacques, maximum 2 min. Saler et poivrer.¶ Disposer comme sur la photo.

> 12 coquilles Saint-Jacques avec corail ou 16 sans corail
> 8 endives
> 100 g de beurre + 30 g
> 250 g de crème épaisse
> roquette pour décor (facultatif)
> sel, poivre

Saint-Jacques à l'endive

Saint-Jacques à l'endive

Pour 4 personnes

Préparation et cuisson : 40 min

Garder quatre belles coquilles.¶ Préparer les endives en les coupant en rondelles. Éliminer les trognons.¶ Dans une casserole, faire fondre 80 g de beurre. Y verser les endives avec le jus du citron, le sucre et le vin pour 10 min de cuisson. Ajouter ensuite la crème. Saler et poivrer. Réserver.¶ Sauter avec 20 g de beurre les noix de Saint-Jacques durant 1 à 2 min avec sel et poivre.¶ Disposer les endives dans les coquilles et les recouvrir avec les noix de Saint-Jacques. Servir tout de suite.

> 12 coquilles Saint-Jacques
> 100 g de crème fraîche
> 2 endives
> 2 échalotes hachées
> 80 g de beurre + 20 g
> 30 g de sucre semoule
> le jus d'1 citron
> 5 cl de vin blanc
> sel, poivre du moulin

Feuilletés de Saint-Jacques aux endives

Pour 4 personnes

Préparation et cuisson : 45 min

Couper quatre rectangles de pâte de 8 cm sur 6. Les poser sur la plaque de tôle du four légèrement mouillée. Les dorer au jaune d'œuf sans en mettre sur les bords.¶ Réfrigérer 15 min et les cuire (th. 7) 10 à 12 min.¶ Laver les endives et les sécher avec du papier absorbant, puis les couper en fines rondelles. Les cuire au beurre avec le jus de citron, 20 g de sucre, la moitié de la crème. Saler et poivrer.¶ Faire bouillir le Cinzano avec le reste de crème et monter au fouet avec 100 g de beurre. Retirer du feu. Saler et poivrer.¶ Couper les Saint-Jacques en deux, sauf les coraux. Cuire au beurre et à l'huile pendant 1 min de chaque côté.¶ Couper en deux les feuilletés encore chauds. Disposer la préparation d'endives et y déposer les Saint-Jacques.¶ Napper avec la sauce, puis recouvrir avec le dessus du rectangle.

> 8 Saint-Jacques
> 300 g de pâte feuilletée au beurre
> jaune d'œuf pour la dorure
> 400 g d'endives
> 1 citron
> 20 g de sucre en poudre
> 50 g de crème
> 4 cl de Cinzano blanc ou un autre vermouth
> 100 g de beurre mou
> beurre, huile
> sel, poivre

Saint-Jacques à l'étouffée de navet nouveau, décor en chips de navet

Pour 4 personnes

> 12 noix de Saint-Jacques avec de préférence un corail
> 2 échalotes
> 10 navets moyens
> persil plat (décor)
> beurre
> sel, poivre

Matériel

> 1 friteuse

Préparation et cuisson : 60 min

Éplucher les navets et en réserver quatre pour les couper à l'aide d'une mandoline, puis les faire frire comme sur la photo.¶ Cuire à la vapeur les navets, saler et poivrer. Les écraser (pas complètement). Faire revenir les échalotes au beurre, à feux doux, jusqu'à ce qu'elles deviennent translucides. Dans une sauteuse, avec du beurre, cuire les noix, saler et poivrer.¶ Disposer sur assiettes chaudes, comme sur la photo. Décorer avec un peu de persil plat. Servir tout de suite.

Illustration en double-page précédente

Saint-Jacques à la crème de cerfeuil

Pour 4 personnes

> 16 Saint-Jacques
> 2 échalotes hachées
> 30 g de beurre
> 1/4 l de vin blanc sec
> 1 botte de cerfeuil
> 125 g de crème fraîche
> fécule de pomme de terre (facultatif)
> sel, poivre

Préparation et cuisson : 50 min

Conserver les barbes des Saint-Jacques et les laver soigneusement pour en éliminer le sable. Les faire cuire 30 min dans de l'eau bouillante salée.¶ Faire revenir dans une casserole les échalotes avec le beurre, en y ajoutant les barbes cuites et hachées, puis mouiller avec le vin blanc et un peu d'eau. Faire réduire, filtrer et y pocher les Saint-Jacques 1 à 2 min. Les retirer et les garder au chaud th. 3 (90 °C).¶ Mixer le cerfeuil sans les tiges et incorporer dans le jus. Ajouter la crème, le sel et le poivre. Faire cuire 5 min.¶ Si la sauce est un peu liquide, ajouter un peu de fécule (1/2 cuillerée à café). Mélanger avec très peu d'eau.¶ Incorporer les noix dans la sauce. Verser dans un plat de service chaud.

Saint-Jacques à la fondue de poireaux

Pour 4 personnes

Préparation et cuisson : 50 min

Laver, sécher et détailler les blancs de poireaux en très fines lanières. Les cuire 15 min dans la crème salée, poivrée avec le safran, en mélangeant constamment avec une spatule.¶ Sauter au beurre les noix 2 à 3 min maximum.¶ Dresser les poireaux dans quatre coquilles ou dans le plat de service (chaud). Recouvrir avec les noix et les coraux.

> 12 coquilles Saint-Jacques coraillées
> 3 blancs de poireaux
> 200 g de crème
> 2 g de safran (une dosette)
> 40 g de beurre
> sel, poivre blanc du moulin

Crêpes de blé noir à la Saint-Jacques

Pour 4 personnes

Longue préparation et cuisson

Dégeler les Saint-Jacques et les couper en deux dans l'épaisseur.¶ Faire revenir les champignons et les échalotes dans un peu de beurre, ajouter les Saint-Jacques pour 2 min de cuisson.¶ Préparer quatre fois deux crêpes beurrées comme sur la photo.¶ Servir les crêpes en plusieurs fois.

> 8 noix de Saint-Jacques surgelées
> 8 crêpes de blé noir prêtes à être garnies
> 2 échalotes
> 12 champignons émincés
> 200 g de beurre demi-sel
> sel, poivre

Choucroute à la Saint-Jacques et aux moules

Pour 1 personne

Préparation et cuisson : 30 min

Faire revenir 1 à 2 min les noix de Saint-Jacques coupées en deux dans du beurre. Les réserver au chaud.¶ Cuire les moules dans le vin blanc jusqu'à ce qu'elles s'ouvrent. Les décoquiller et les réserver avec les Saint-Jacques.¶ Filtrer méticuleusement le vin blanc. Dans une casserole, réunir le vin, la choucroute, les Saint-Jacques, les moules, les baies de genièvre et chauffer l'ensemble. Vérifier l'assaisonnement.¶ Dresser le tout dans un récipient chaud. Présenter avec harmonie.

> 3 noix de Saint-Jacques avec leur corail
> 30 g de beurre
> 250 g de choucroute
> 8 moules préalablement préparées
> 6 baies de genièvre
> 10 cl de vin blanc sec
> sel, poivre

Saint-Jacques aux choux de Bruxelles et aux marrons

Pour 4 personnes

> 12 coquilles Saint-Jacques avec leur corail
> 24 choux de Bruxelles
> 24 marrons
> beurre
> sel, poivre

Préparation et cuisson : 60 min

Cuire les choux de Bruxelles à l'eau salée environ 1/2 heure. Les égoutter et les réserver au chaud.¶ Cuire les marrons environ 1/2 h à l'eau salée, après avoir retiré la première peau. Dès qu'ils sont cuits, finir de les éplucher et les réserver au chaud.¶ Sauter les noix de Saint-Jacques dans un peu de beurre, saler et poivrer, puis disposer dans des assiettes chaudes.¶ Respecter la disposition de la photo. Servir, à part, avec du beurre fondu tiède.

Gratin de Saint-Jacques (1)

Pour 4 personnes

Préparation et cuisson : 60 min

Faire blondir les oignons dans 30 g de beurre, ajouter 30 g de beurre et la farine. Cuire en remuant avec un fouet, et y verser le vin blanc pour une cuisson supplémentaire. Y mélanger la crème pour 1 min d'ébullition. Ajouter les rates chaudes et coupées en morceaux et les noix de Saint-Jacques, saler et poivrer.¶ Mélanger délicatement les deux jaunes d'œuf. Disposer le tout dans un plat à gratin déjà chaud.¶ Passer au four avec gril allumé pour une coloration du gratin (suffisant pour la cuisson des Saint-Jacques).

> 12 à 16 coquilles Saint-Jacques (selon leur taille)
> 12 pommes de terre rates déjà cuites mais chaudes
> 3 oignons finement hachés
> 30 g de beurre + 30 g
> 30 g de farine
> 1 dl de vin blanc sec
> 150 g de crème fraîche
> 2 jaunes d'œuf
> huile pour cuire les Saint-Jacques
> sel, poivre

Gratin de Saint-Jacques (2)

Pour 4 personnes

Préparation et cuisson : 50 min

Garder éventuellement quatre coquilles.¶ Éplucher et hacher très finement les oignons. Les blanchir et les étuver au beurre durant 10 min sans les colorer.¶ Faire une béchamel avec le beurre, la farine, puis le lait bouillant et la crème, le sel, le poivre et la muscade (assaisonnement de haut goût).¶ Couper les noix en deux dans l'épaisseur et les sauter 1 min avec les oignons. Y verser ensuite la béchamel. Vérifier l'assaisonnement. Garnir des coquilles beurrées ou un plat à gratin beurré.¶ Gratiner quelques minutes au four th. 6 (180 °C).

> 16 à 20 coquilles Saint-Jacques selon leur taille
> 2 oignons
> 40 g de beurre pour les oignons

Béchamel :

> 30 g de beurre
> 30 g de farine
> 1/4 l de lait
> 1 dl de crème
> sel, poivre, muscade

Coquilles Saint-Jacques aux noisettes

Pour 6 personnes

- > 18 coquilles Saint-Jacques
- > 90 g de beurre
- > 150 g de noisettes (pesées sans les coques)
- > 1/2 jus de citron
- > 100 g de salicornes en conserve
- > 20 cl de crème fraîche
- > 1/4 botte de ciboulette
- > fleur de sel, poivre

Préparation et cuisson : 30 min

Conserver six des plus grosses coquilles vides et propres.¶ Faire griller les noisettes au beurre dans une poêle. Réserver.¶ Cuire au beurre les noix de Saint-Jacques 1 à 2 min. Réserver.¶ Déglacer la poêle avec le citron, ajouter les salicornes et la crème pour une courte ébullition. Ajouter pour 1 min les noix de Saint-Jacques. Assaisonner.¶ Servir dans les coquilles tenues chaudes. Décorer avec la ciboulette.

Crépinettes de Saint-Jacques au chou et aux lardons

Pour 4 personnes

- > 18 belles noix de Saint-Jacques avec leur corail
- > 6 grandes feuilles de chou vert ou 12 moyennes
- > 200 g de chou-fleu + 2 œufs
- > 1/2 verre de muscadet
- > 100 g de dés de poivron rouge
- > 100 g de carottes taillées en bâtonnets
- > 50 g de petits lardons
- > 50 g d'échalotes
- > 80 g de crème
- > 150 g de beurre
- > sel, poivre du moulin

Préparation et cuisson : 40 min

Cuire les feuilles de chou dans de l'eau salée environ 20 min, pour les rendre souples.¶ Cuire le chou-fleur dans de l'eau salée environ 10 min et en faire une purée à la fourchette, additionnée de deux œufs.¶ Faire sauter à feu vif les noix et leur corail. Déglacer au muscadet. Réserver les noix et le jus.¶ Faire sauter légèrement d'une part les dés de poivron rouge, d'autre part les bâtonnets de carottes et les lardons. Mélanger carottes et lardons avec le chou-fleur en purée.¶ Étaler une feuille ou deux de choux dans le ramequin beurré.¶ Mettre au centre trois noix de Saint-Jacques. Autour des noix, ajouter la mousse de chou-fleur mélangée aux bâtonnets et aux lardons.¶ Confectionner la sauce. Réduire les échalotes avec la crème et les poivrons. Vérifier l'assaisonnement.¶ Répartir dans les ramequins. Les refermer à l'aide des feuilles.¶ Passer au four th. 5 (150 °C) 15 à 20 min.

Les Saint-Jacques aux légumes et aux fruits

Coquilles Saint-Jacques au fenouil

Pour 4 personnes

> 12 à 16 coquilles Saint-Jacques avec leur corail (selon leur taille)
> 2 petits bulbes de fenouil
> 250 g de beurre
> 8 tomates cerises
> sel, poivre du moulin

Pour le fumet:

> les barbes des coquilles
> 2 dl de vin blanc sec
> 2 échalotes finement hachées
> 4 cl d'huile d'olive
> 1 bouquet garni

Préparation et cuisson : 90 min

Conserver les sommités de fenouil pour le décor.¶ Réserver les barbes des Saint-Jacques. Les mettre à dégorger avec du gros sel, puis bien les presser. Les laver et les égoutter. Remettre du gros sel, presser à nouveau, relaver et égoutter. Les hacher au couteau.¶ Préparer le fenouil. Enlever le trognon, le défaire à l'aide d'un économe, puis peler les grosses feuilles et enlever leurs fils. Tailler le fenouil en fines lanières, le plus long possible.¶ Disposer celles-ci dans une casserole avec 30 g de beurre. Saler et poivrer. Couvrir et cuire pour les attendrir. Garder au chaud.¶ Préparer le fumet. Dans une casserole, cuire avec l'huile d'olive les échalotes pendant 3 à 4 min. Ajouter les barbes, les cuire, déglacer au vin blanc. Ajouter 4 cl d'eau, puis y disposer le bouquet garni pour une cuisson de 30 à 40 min. Réduire à 8 cl le fumet après l'avoir passé au chinois.¶ Avec un peu de beurre, faire colorer légèrement les noix de Saint-Jacques des deux côtés pendant 2 min. Saler et poivrer. Conserver au chaud.¶ Déglacer la casserole de cuisson des Saint-Jacques avec le fond de fumet. À partir de ce moment, deux solutions : soit on incorpore le reste du beurre dans la réduction et avec un fouet on émulsionne la sauce, soit on remplace le beurre par de la crème épaisse.¶ Dresser les lanières de fenouil dans le plat de service chaud ou dans des assiettes. Recouvrir de sauce. Décorer avec les tomates cerises et les Saint-Jacques. Finir avec les sommités de fenouil.

Coquilles Saint-Jacques au citron vert

Pour 4 personnes

Préparation et cuisson : 40 min

> 12 noix de Saint-Jacques
> 2 citrons verts
> 20 g de beurre
> 2 gousses d'ail
> 2 échalotes
> 2 cl d'huile d'olive
> sel, poivre

Couper les noix en deux, mais laisser le corail entier.¶ À l'aide d'un économe, prélever les zestes d'un citron, les couper en fines lanières, les pocher 2 min à l'eau bouillante salée, les rincer et les égoutter soigneusement. Réserver.¶ Presser les deux citrons. Réserver le jus.¶ Faire des petits bouquets avec les brocolis, les faire cuire à l'eau salée bouillante 10 min. Les égoutter. Les réserver au chaud.¶ Peler les échalotes et l'ail et hacher le tout.¶ Dans une poêle, faire cuire avec du beurre et de l'huile les échalotes et l'ail pendant 3 min, éviter toute coloration. Faire cuire les noix dans cette préparation 2 à 3 min. Y ajouter le jus des citrons et les zestes.¶ Servir rapidement.

Saint-Jacques au Parme et au chou rouge

> 12 noix de Saint-Jacques
> 6 grandes feuilles de chou rouge
> 12 tranches de jambon de Parme pour envelopper 12 fois 2 moitiés de Saint-Jacques
> beurre, huile
> sel

Marinade :

> 5 cuillères à soupe d'huile d'olive
> 1 cuillère à soupe de sauce soja
> 1 cuillère à café de piment d'Espelette

Pour 6 personnes

Préparation et cuisson : 35 min

Attente : 1 h

Couper les Saint-Jacques en deux dans l'épaisseur.¶ Faire mariner les noix pendant 1 h dans la marinade.¶ Blanchir le chou 5 min dans l'eau salée, le rincer, l'égoutter au papier absorbant et le couper en douze morceaux.¶ Retirer les Saint-Jacques de la marinade.¶ Préparer les tranches de parme. Les couper en deux et les garnir de deux moitiés de noix de Saint-Jacques. Les rouler dans les morceaux de chou rouge pour obtenir un petit boudin que l'on maintient avec une petite pique en bois.¶ Faire sauter dans une poêle avec l'huile et le beurre, juste pour chauffer.

Coquilles Saint-Jacques au citron jaune

> 12 à 20 noix de Saint-Jacques selon leur taille
> 2 citrons
> 30 g de miel
> 50 g de beurre
> sel, poivre

Pour 4 personnes

Préparation et cuisson : 30 min

Garder quatre coquilles. Couper les noix en deux dans l'épaisseur, mais laisser le corail entier. Ne pas conserver les barbes.¶ À l'aide d'un économe, prélever les zestes d'un citron, les couper en fines lanières, les pocher 2 min à l'eau bouillante salée, les rincer et les égoutter soigneusement. Réserver.¶ Presser les deux citrons. Réserver le jus.¶ Dans une poêle, avec le beurre, faire cuire les noix avec le sel et le poivre, puis y ajouter le jus de citron et le miel.¶ Disposer les Saint-Jacques dans les coquilles avec la sauce de cuisson. Décorer avec les zestes.

Illustration en double-page précédente

Brochettes de Saint-Jacques aux pruneaux

Pour 4 personnes

Préparation et cuisson : 25 min

> 12 noix de Saint-Jacques avec ou sans corail (surgelées)
> 4 brochettes en bois de 20 cm
> 8 gros pruneaux sans noyaux
> 1 oignon (facultatif)
> beurre ou huile
> sel, poivre du moulin

Une préparation très simple à cuire à la poêle pour juste les dorer.¶ Dresser les brochettes comme indiqué sur la photo. Saler et poivrer.¶ Faire sauter à la poêle avec l'huile ou le beurre pour une courte cuisson. Servir immédiatement.

HARMONIE
SUBTILE DE
40%

Saint-Jacques à l'orange

Pour 4 personnes

Préparation et cuisson : 30 min

Garder quatre coquilles.¶ Faire sauter les échalotes avec la moitié du beurre sans les colorer. Mouiller avec le jus d'une orange, le Cointreau, le sel, le poivre et le paprika. Cuire 5 à 6 min.¶ Couper les Saint-Jacques en dés et les faire sauter 2 min avec le beurre restant. Réserver.¶ Dans le jus de cuisson des Saint-Jacques, verser la farine et faire cuire. Y ajouter la crème, un peu de cayenne, le sel et mettre les Saint-Jacques à réchauffer 1 ou 2 min dans cette sauce.¶ Garnir quatre coquilles vides des différentes préparations et décorer d'une demi-rondelle d'orange cannelée et d'un peu de persil.

> 12 coquilles Saint-Jacques
> 6 échalotes hachées
> 60 g de beurre
> 2 oranges
> 5 cl de Cointreau
> 20 g de farine
> 2 dl de crème épaisse
> 10 g de persil plat haché
> 4 g de paprika
> 1 pointe de couteau de cayenne
> sel

Coquilles Saint-Jacques à l'abricot sec

Pour 4 personnes

Préparation et cuisson : 30 min

> 12 à 16 coquilles Saint-Jacques (selon leur taille)
> 4 cl de palinka (liqueur d'abricot) ou à défaut une autre liqueur
> 100 g d'abricots coupés en petits morceaux macérés dans l'alcool
> 40 g + 40 g + 30 g de beurre
> jus d'un citron
> sel, poivre du moulin

Couper les abricots et les faire macérer dans l'alcool, en les retournant plusieurs fois. Le mieux est que tout le liquide soit absorbé ; cela peut prendre plusieurs jours.¶ Dorer à la poêle les noix de Saint-Jacques. Si elles sont grosses, les couper en deux dans l'épaisseur pour 1 à 2 min de cuisson. Réserver au chaud.¶ Faire sauter au beurre, avec sel et poivre, le fruit pour juste le chauffer. Dresser dans les coquilles ou dans le plat de service chaud les noix de Saint-Jacques et les fruits. Faire fondre le beurre avec le jus de citron et le verser sur la préparation.

Salade de Saint-Jacques au pamplemousse

Pour 4 personnes

Préparation et cuisson : 25 min

Peler le pamplemousse. Défaire les quartiers et les peler à vif.¶ Disposer les salades dans le plat de service.¶ Cuire les Saint-Jacques à la poêle 2 à 3 min. Les éponger au papier absorbant (on peut aussi les pocher).¶ Assaisonner la salade, y disposer les Saint-Jacques, le pamplemousse, la ciboulette et éventuellement les œufs de saumon.

> 12 à 16 noix de Saint-Jacques
> 1 cœur de salade (feuille de chêne) lavé, essoré et défait
> 1 batavia rouge lavée, essorée et défaite
> 1 pamplemousse
> jus d'1/2 citron
> 2 cl de vinaigre de vin
> 2 c.à soupe d'huile
> 1/2 bouquet de ciboulette hachée
> 30 g de beurre
> œufs de saumon pour le décor (facultatif)
> sel, poivre du moulin

Jours de fête

Carpaccio de Saint-Jacques au foie gras

Par personne

Préparation : 20 min

- 2 noix de Saint-Jacques (de préférence sans corail)
- 20 g de foie gras cru ou mi-cuit
- crème fraîche épaisse
- quelques œufs de saumon
- fleur de sel
- poivre concassé (mignonnette)
- 1 dessus de coquille

Faire griller le poivre au four. Disposer un morceau de mie de pain à côté du poivre. Faire griller jusqu'à coloration de la mie de pain. Cette préparation va faire ressortir le goût subtil du poivre et en diminuer l'agressivité (procédé chinois).¶ Mettre les noix de Saint-Jacques et le foie cru ou mi-cuit au congélateur 2 à 3 min pour les raidir. Couper les Saint-Jacques en tranches de 2 à 3 mm et le foie en tranches de 3 à 4 mm.¶ Sur l'intérieur du couvercle de la Saint-Jacques (ou sur une assiette à dessert), disposer une tranche de fois gras, une tranche de Saint-Jacques, etc., en les faisant légèrement se chevaucher. Disposer la crème épaisse à l'aide d'une poche ou simplement d'une cuillère. Décorer avec quelques œufs de saumon.¶ Servir en disposant au dernier moment la fleur de sel sur la noix et le poivre refroidi sur le foie gras.¶ Présenter avec une salade composée de légumes crus coupés très fin (fenouil, tomate, radis, topinambour) et assaisonnée d'une vinaigrette.

Illustration en double-page précédente

Brochettes de Saint-Jacques et de langoustines

Pour 4 personnes

Préparation et cuisson : 30 min

Disposer les ingrédients dans un saladier.¶ Décortiquer à cru (si possible) les langoustines.¶ Couper les Saint-Jacques en deux dans l'épaisseur. Laisser le corail intact.¶ Faire macérer les Saint-Jacques et les langoustines 30 min au froid.¶ Cuire au four sur une grille pendant 4 min, en les retournant une fois.¶ Servir avec une mayonnaise au piment doux.

> 12 Saint-Jacques
> 24 queues de langoustines

Macération :

> 1 jus de citron
> 1 cuillère à soupe de sauce soja
> 1 cuillère à café de miel
> sel et gingembre en poudre

Matériel :

> 8 brochettes en bois de 15 cm de long

La belle scarole aux Saint-Jacques

La belle scarole aux Saint-Jacques

Pour 4 personnes

Préparation et cuisson : 40 min

Laver la scarole et la reconstituer à l'identique.¶ Faire sauter dans le beurre les noix de Saint-Jacques, coupées en deux dans l'épaisseur, 2 min d'un côté et 1 min de l'autre.¶ Couper les poivrons en petits dés et les champignons émincés crus ou cuits.¶ Disposer les ingrédients comme sur la photo.¶ Préparer une vinaigrette et la verser sur la scarole au dernier moment.

> 8 noix de Saint-Jacques sans corail
> 60 g de beurre
> 1 belle scarole
> 16 petits champignons de Paris
> 1 carotte cuite et coupée en petits bâtons
> 3 petits poivrons : 1 rouge, 1 vert, 1 jaune
> 20 g d'œufs de saumon ou de truite
> 4 feuilles de menthe
> 1/2 bouquet de ciboulette
> vinaigre balsamique, huile d'olive, sel, poivre

Duo de Saint-Jacques et d'huîtres au gingembre

Pour 4 personnes

Préparation et cuisson : 40 min

Ouvrir les huîtres (en récupérant l'eau) et les détacher. Filtrer l'eau, la réserver.¶ Éplucher le gingembre, le couper en fines rondelles, puis en filaments. Les blanchir 10 min dans du lait. Les égoutter.¶ Retirer le corail des Saint-Jacques et le mixer avec la crème, pour une courte ébullition. Y verser le gingembre. Saler et goûter (impératif) et rectifier au besoin.¶ Dans l'eau des huîtres, pocher 2 min les noix de Saint-Jacques, puis pocher les huîtres 2 à 3 min.¶ Dresser dans un récipient chaud. Passer à la salamandre ou gril juste pour colorer, mais cela n'est pas indispensable (c'est seulement la présentation).

> 8 coquilles Saint-Jacques
> 8 huîtres creuses
> 40 g de gingembre frais
> lait
> 4 dl de crème UHT
> sel

Tartare de Saint-Jacques et sa sauce

Pour 4 personnes

Préparation : 40 min

- 4 kg de coquilles Saint-Jacques fraîches
- 1 jus de citron
- 6 cl d'huile d'olive de qualité
- 1/4 botte de ciboulette
- 1/4 botte de cerfeuil
- 16 tomates cerises
- 1 petit pot de caviar de saumon
- sel, poivre blanc du moulin

Si les coquilles ont du corail, congeler celui-ci pour un autre usage.¶ Préparer une sauce avec le jus de citron, l'huile, une partie de la ciboulette et du cerfeuil hachés, très peu de sel, du poivre blanc du moulin.¶ Hacher les noix, les dresser sur les assiettes comme présentées sur la photo, accompagnées d'un peu de sauce et des œufs de saumon.¶ Joindre le reste de sauce dans un petit récipient. Servir frais avec le pain choisi et éventuellement grillé.

Tartare de Saint-Jacques aux filets de merlan

Pour 4 personnes

Préparation et cuisson : 25 min

Deux solutions pour préparer le tartare : hacher au couteau de cuisine les filets et les noix, ou passer à la machine à hacher (grosse grille). Surtout, ne pas mixer.¶ Mélanger les noix de Saint-Jacques, les filets de merlan, le jus de citron, l'huile d'olive, le sel et le poivre.¶ Disposer les jaunes d'œufs sur le tartare.¶ Décorer avec la coriandre ou le persil.

> 8 noix de Saint-Jacques sans corail
> 4 filets de merlan
> 1 citron vert (de préférence)
> 2 cl d'huile d'olive ou de crème épaisse
> 4 jaunes d'œufs
> coriandre ou persil plat hachés
> sel, poivre (peu)

Saint-Jacques aux morilles et au paprika

Pour 4 personnes

Préparation et cuisson : 45 min

Si l'on dispose de morilles fraîches, une simple cuisson avec de l'eau ou du bouillon suffira. Si elles sont séchées, les disposer dans l'eau tiède pour les réhydrater.¶ Faire sauter les noix 2 min dans le beurre et les réserver au chaud.¶ Cuire les morilles fraîches ou réhydratées au beurre et les réserver au chaud.¶ Dans une sauteuse, disposer la crème et à l'aide d'un fouet mélanger le paprika et le sel. À la première ébullition, mélanger les noix et les morilles.¶ Garder quelques morilles pour la présentation. Servir immédiatement.

> 12 noix de Saint-Jacques avec corail
> 12 morilles (ou plus selon leur taille)
> 30 g + 30 g de beurre
> 100 g de crème fraîche
> 2 g de paprika en poudre (selon votre goût)
> sel, poivre (facultatif)

Noix de Saint-Jacques en croustille

Recette de Jean-Pierre Le Guennec

Pour 4 personnes

> 8 noix de Saint-Jacques
> 1 botte d'estragon frais
> 8 feuilles de brick
> 50 g de beurre + 50 g
> sel, poivre de Cayenne

Préparation et cuisson : 40 min

Couper les Saint-Jacques en deux dans l'épaisseur. Les faire sauter au beurre 2 min. Assaisonner. Ajouter les feuilles d'estragon frais.¶ Disposer une feuille de brick dans quatre assiettes beurrées. Garnir les quatre autres feuilles de brick avec les Saint-Jacques. Rabattre les bords en chaussons et les disposer dans les assiettes.¶ Cuire au four th. 4 (120 °C) jusqu'à légère coloration des croustillants.

Saint-Jacques Val de Loire

Pour 4 personnes

> 12 à 16 noix de Saint-Jacques selon leur taille
> 3 échalotes finement hachées
> 10 cl de vinaigre de cidre
> 250 g de beurre salé mou
> court-bouillon (voir p. 32)

Préparation et cuisson : 50 min

Il est préférable de préparer le beurre en premier. Mettre les oignons dans une casserole avec le vinaigre et faire cuire doucement jusqu'à son évaporation. Couper le beurre en morceaux de la taille d'une noix. À l'aide d'un fouet à sauce, incorporer le beurre aux échalotes à feu très doux. Réserver (endroit tiède).¶ Disposer les Saint-Jacques crues dans le court-bouillon froid. Amener doucement à frémissement, puis retirer du feu. Égoutter les Saint-Jacques et les dresser dans le plat de service chaud.¶ Disposer la sauce sur le plat et la poivrer au dernier moment. On peut enlever des échalotes, mais bien hachées elles sont un plus pour certains.

Bleu

Papillotes de Saint-Jacques aux poireaux

Pour 4 personnes

> 8 coquilles Saint-Jacques
> 3 blancs de poireaux
> 100 g de crème fraîche
> quelques tomates cerises et du persil pour la décoration
> sel, poivre (peu)
> 4 feuilles de papier aluminium (25 x 25) ou 4 feuilles de papier de cuisson

Préparation et cuisson : 45 min

Laver, sécher et détailler en lanières très fines les poireaux.¶ Les faire cuire 15 min dans la crème, avec le sel et le poivre en remuant constamment à l'aide d'une cuillère en bois.¶ Répartir sur le papier beurré les noix de Saint-Jacques coupées en deux dans l'épaisseur, les lanières de poireaux ainsi que la crème.¶ Fermer les papillotes.¶ Faire cuire à four chaud th. 7 (210 °C) pendant 15 min.¶ Décorer avec des tomates cerises et du persil.

Saint-Jacques aux pleurotes

Pour 4 personnes

Préparation et cuisson : 30 min

Préparer les pleurotes et les couper en plusieurs morceaux. Les faire sauter au beurre avec sel et poivre. Les garder au chaud.¶ Faire sauter dans une poêle avec du beurre les Saint-Jacques 1 min de chaque côté. Les saler et les poivrer, puis ajouter la crème.¶ Dresser sur des assiettes chaudes avec les pleurotes.¶ Décorer comme sur la photo et servir immédiatement.

> 20 coquilles Saint-Jacques avec leur corail de préférence
> 12 pleurotes
> 150 g de beurre
> 4 tomates cerises
> persil plat
> 150 g de crème
> sel et poivre

Carpaccio de Saint-Jacques à la truffe

Pour 4 personnes

Préparation et cuisson : 25 min

On n'utilise que les noix, le corail est surgelé pour un autre usage.¶ Surgeler un court moment les noix pour en faciliter la coupe.¶ Préparer dans un bol le vinaigre, l'huile, le sel et le poivre.¶ Couper horizontalement les noix en quatre tranches très fines. Couper également les truffes (sans les réfrigérer) en tranches fines correspondant aux tranches de Saint-Jacques.¶ À l'aide d'un pinceau, répartir la vinaigrette sur les faces des Saint-Jacques.¶ Répartir les différentes tranches de façon élégante. Répartir le cerfeuil.¶ Servir immédiatement.

> 8 grosses noix de Saint-Jacques
> 2 truffes
> 1 cl de vinaigre balsamique
> 6 cl d'huile d'olive
> 1/2 bouquet de cerfeuil ou à défaut de persil plat
> sel, poivre blanc si possible

Surprise de Saint-Jacques

Recette de Jean-Pierre Le Guennec

Pour 4 personnes

Préparation et cuisson : 35 min

- > 8 Saint-Jacques entières
- > 50 g d'échalotes
- > 50 g de beurre
- > Noilly Prat
- > 1/2 l de crème fraîche
- > 1 botte de ciboulette
- > 4 bouchées à la reine (à se procurer chez le pâtissier), à tenir au chaud th. 3

Préparation de la crème de ciboulette : faire cuire au beurre les échalotes, sans coloration. Déglacer au Noilly. Ajouter la crème fraîche et faire réduire jusqu'à consistance sirupeuse. Ajouter la ciboulette ciselée.¶ Faire sauter au beurre les noix de Saint-Jacques coupées grossièrement (2 min). Les mélanger à la crème de ciboulette et en garnir les bouchées. Servir immédiatement.

Filets de sole enrubannés aux Saint-Jacques

Recette de Jean-Pierre Le Guennec

Pour 4 personnes

Préparation et cuisson : 40 min

Préparation de la mousse de Saint-Jacques : hacher les filets de merlan au cutter, ajouter l'œuf, le jaune d'œuf, la crème fraîche, le sel, le poivre et quatre noix de Saint-Jacques juste hachées grossièrement.¶ Garnir un ramequin avec du film étirable (celui-ci doit largement déborder). Disposer en cercle le filet de sole. Remplir le ramequin avec la mousse de Saint-Jacques. Décorer avec la noix entière. Refermer le film et cuire au bain-marie au four 20 min à 150 °C.

> 8 noix de Saint-Jacques
> 100 g de filets de merlan
> 1 œuf + 1 jaune d'œuf
> 1 dl de crème fraîche liquide
> 4 filets de sole de 120 g
> sel, poivre de Cayenne

Aigre-doux de Saint-Jacques

Pour 4 personnes

- > 4 belles noix de Saint-Jacques
- > 2 échalotes émincées
- > 2 cl d'huile
- > 2 cl de miel
- > 5 cl de vinaigre de Xérès
- > 10 cl de vin blanc sec
- > 10 figues sèches tendres coupées en 4 morceaux
- > 100 g de raisins secs assortis
- > 20 g de concentré de tomates
- > 30 g de beurre
- > 1 pincée de 4 épices
- > sel, poivre

Préparation et cuisson : 20 min

Couper les Saint-Jacques en deux.¶ Avec l'huile, faire revenir les échalotes sans les colorer, puis les réserver.¶ Dans une casserole, verser le miel et sur feu vif faire une légère caramélisation. Ajouter le vinaigre et le vin et y faire gonfler les figues et les raisins. Y verser le concentré de tomates, le sel, le poivre et les 4 épices, puis faire mijoter 15 min. Ajouter ensuite les échalotes.¶ Sauter les Saint-Jacques au beurre et répartir sur leur surface la préparation précédente. Servir tout de suite.

Boudin blanc de Saint-Jacques

Pour 6 personnes

Préparation et cuisson : 70 min

Préparer un fumet avec les barbes.¶ Au cutter, réduire en purée le gras dur. Ajouter ensuite les noix de Saint-Jacques. Mélanger la farine au fumet. Porter à ébullition (5 min) en remuant sans cesse avec un fouet.¶ Dès que c'est froid, ajouter la crème, les œufs un par un (en mixant), le sel, le poivre et la muscade.¶ Remplir un boyau que vous détaillez en six boudins. Les pocher à l'eau à 90 °C (impératif) pendant 20 à 25 min. Les égoutter et les conserver au froid.¶ Cuire comme tous les boudins blancs, au four ou à la poêle, à feu très doux, après les avoir piqués.

> 400 g de noix de Saint-Jacques
> 150 g de gras dur de porc (dans la gorge)
> 100 g de fumet fait avec les barbes
> 3 œufs
> 150 g de crème épaisse
> 30 g de farine
> 15 g de sel
> 3 g de poivre du moulin
> 2 g de muscade
> boyau (en charcuterie)

Fumet :

> 2 oignons hachés
> 3 dl de vin blanc
> ni sel, ni poivre

Cuire le tout 20 min et conserver.

Soufflé de Saint-Jacques

Pour 4 personnes

- 16 coquilles Saint-Jacques (250 à 300 g de chair)
- 2 échalotes finement hachées
- 15 g de beurre
- 4 cl de vin blanc
- sel, poivre
- beurre pour le moule à soufflé

Sauce Béchamel :

- 40 g de beurre
- 40 g de farine
- 1/4 l de lait
- 5 jaunes d'œufs et 5 blancs d'œufs
- cayenne, muscade

Préparation et cuisson : 60 min

Ne pas conserver les barbes des Saint-Jacques.¶ Cuire les échalotes avec le beurre, sans les colorer.¶ Mettre dans une sauteuse le vin blanc, autant d'eau, et les Saint-Jacques, pour 4 min de cuisson douce.¶ Égoutter les noix et le corail. Réserver.¶ Dès que c'est froid, couper les noix en fines lamelles, ainsi que le corail.¶ Réduire très fortement le jus de cuisson à 1 dl de liquide.¶ Préparer une sauce Béchamel épaisse avec le beurre, la farine, le lait, la réduction de cuisson, sel, poivre, une pincée de cayenne et un peu de muscade.¶ Hors du feu, incorporer les jaunes, mélanger avec un fouet. Battre les blancs et les incorporer délicatement à la béchamel. Vérifier l'assaisonnement. Incorporer les Saint-Jacques.¶ Verser dans le moule à soufflé largement beurré.¶ Cuire à four chaud (th. 6) environ 40 min. Ne pas ouvrir le four au début.

Illustration en double-page précédente

Gratin de Saint-Jacques mornay

Pour 4 personnes

Préparation et cuisson : 25 min

Garder éventuellement quatre belles coquilles.¶ Sauter les noix et les coraux 2 min avec le beurre.¶ Faire la béchamel et y cuire les champignons émincés.¶ Incorporer dans la béchamel le gruyère et le parmesan, les jaunes d'œufs, le sel, le poivre, la muscade et les Saint-Jacques.¶ Garnir les coquilles ou un plat et faire gratiner très légèrement.

> 8 coquilles Saint-Jacques
> 25 g de beurre pour sauter les Saint-Jacques
> 100 g de champignons préparés et émincés
> 25 g de gruyère râpé, 25 g de parmesan râpé
> 2 jaunes d'œufs
> sel (peu), poivre, muscade

Béchamel :

> 50 g de farine
> 80 g de beurre
> 1/2 l de lait

Noix de Saint-Jacques rôties aux endives beurre blanc au cidre

Balthazar de Saint-Jacques

Pour 4 personnes

Recommandé pour un dîner froid ou un buffet

Préparation et cuisson : 50 min + 3 heures

Pocher les Saint-Jacques 3 min dans une nage (voir page suivante).¶ Couper les Saint-Jacques en trois rondelles. Mélanger la mayonnaise, la crème épaisse, le cognac, la pincée de cayenne, le sel et le jus de betterave pour colorer l'ensemble. Ajouter les Saint-Jacques et les crevettes.¶ Disposer dans le plat de service pour un passage de 3 à 4 h au froid.

> 3 kg de coquilles Saint-Jacques
> 100 g de queues de crevettes roses cuites et décortiquées
> 200 g de mayonnaise
> 300 g de crème épaisse
> 3 cl de cognac
> une pincée de cayenne, sel
> jus de betterave pour colorer l'ensemble

Noix de Saint-Jacques rôties aux endives beurre blanc au cidre

Recette de Soiazig

Pour 4 personnes

Préparation et cuisson : 30 min

Effeuiller trois belles endives, les laver, les égoutter, les citronner, les saler et les sucrer (avec un tout petit peu de sucre en poudre).¶ Chauffer l'huile d'olive dans une sauteuse et mettre les endives. Remuer avec une spatule en bois pendant 7 à 8 min.¶ Émincer les échalotes, les mettre dans une casserole avec le vinaigre de cidre, le cidre, et laisser réduire à feu moyen jusqu'à presque évaporation. Ajouter la crème, puis incorporer 100 g de beurre en petits morceaux en fouettant. Passer la sauce au chinois. Assaisonner avec sel et poivre. Réserver au chaud.¶ Faire poêler rapidement (2 min de chaque côté) les noix de Saint-Jacques sur feu vif dans le beurre restant.¶ Disposer comme sur la photo.

> 16 noix de Saint-Jacques
> 3 belles endives
> 1 citron
> un peu de sucre en poudre
> huile d'olive
> 2 échalotes
> 7,5 cl de vinaigre de cidre
> 5 cl de cidre
> 5 cl de crème fleurette
> 150 g de beurre
> ciboulette, quelques brins de persil
> sel, poivre

Coquilles Saint-Jacques à l'angélique

Pour 6 personnes

Préparation et cuisson : 30 min

Médaille d'or de l'Académie culinaire de la Saint-Jacques

> 24 coquilles Saint-Jacques
> 12 morceaux d'angélique d'1 cm de long
> 12 morceaux de gingembre d'1 cm de long
> brochettes en bois

Nage pour poissons maigres :

> 1 l d'eau et 60 g de sel
> 1 l d'eau douce
> 1 verre de muscadet
> 1/2 verre de vinaigre blanc
> 200 g de carottes
> 100 g d'oignons en rondelles
> 2 cuillerées à café de poivre en grains

Porter à ébullition tous les ingrédients.

Pour la pâte :

> 300 g de farine
> 10 g de levure en poudre
> 33 cl de bière
> 3 œufs
> 1/3 de verre d'huile
> 5 g de sel

Faire pocher les Saint-Jacques 1 min dans la nage.¶ Préparer la pâte en mélangeant tous les ingrédients ; la consistance doit être celle d'une pâte à crêpes épaisse. Laisser reposer.¶ Sur une brochette en bois, alterner morceaux de gingembre, noix de Saint-Jacques, morceaux d'angélique.¶ Tremper les brochettes dans la pâte. Les cuire rapidement dans une friture à 160 °C. Les retirer dès la coloration de la pâte.

Marguerites de noix de Saint-Jacques au beurre de coquillage à la graine de vanille

Recette d'Éric Gicquel

Pour 4 personnes

Préparation et cuisson : 35 min

Ouvrir les moules avec l'échalote et le vin blanc. Les réserver pour la décoration. Garder le jus de cuisson.¶ Canneler et tailler les courgettes, les carottes en rondelles fines et les faire cuire à l'eau salée pour qu'elles restent croquantes.¶ Confectionner les marguerites sur un plat de cuisson beurré en alternant courgettes, Saint-Jacques et carottes. Assaisonner et cuire à la vapeur pendant 5 min.¶ Cuire les langoustines dans un court-bouillon (pour la décoration).¶ Faire réduire le jus de cuisson des moules et le monter avec le beurre (beurre blanc), ajouter la graine de vanille de la gousse.¶ Dresser les marguerites comme sur la photo dans des assiettes bien chaudes.¶ Disposer comme indiqué sur la photo.

- > 20 noix de Saint-Jacques décortiquées
- > 8 moules
- > 1 échalote
- > 1/4 l de vin blanc
- > 2 courgettes
- > 2 grosses carottes
- > 4 langoustines
- > court-bouillon (voir p. 32)
- > 4 brins de menthe
- > 4 tomates cerises
- > 1/2 gousse de vanille
- > 250 g de beurre

Marguerites de Saint-Jacques au citron vert

Recette de Soiazig

Pour 4 personnes

- 16 noix de Saint-Jacques et leur corail
- 2 jus de citron (en garder une rondelle pour la décoration)
- 6 cuillères d'huile d'olive
- ciboulette
- 1 petit poivron rouge
- 1 citron vert
- œufs de lump
- sel, poivre blanc

Préparation et cuisson : 30 min

Ouvrir les coquilles Saint-Jacques. Récupérer les noix ainsi que le corail. Les laver. Conserver au frais.¶ Préparer l'assaisonnement en mélangeant jus de citron vert, huile d'olive, sel et poivre blanc.¶ Sur des assiettes individuelles, dresser les noix de Saint-Jacques crues, émincées le plus finement possible.¶ Pour la présentation, arranger de manière à reconstituer une marguerite dont les noix forment les pétales et les coraux (coupés en petits morceaux) le centre jaune des étamines.¶ Figurer une queue avec une queue de ciboulette ou un morceau de poivron vert. Décorer avec des petits morceaux de poivron rouge, une rondelle de citron vert surmontée de quelques œufs de lump.¶ Réserver au froid jusqu'au moment de servir. Napper avec l'assaisonnement et manger tout de suite.

Coquilles Saint-Jacques à la crème de crabe

Pour 4 personnes

- 16 coquilles Saint-Jacques
- 1 petite carotte
- 1 petit poireau
- 1 échalote
- 10 petits crabes dits « crabes verts »
- 3 dl de crème UHT
- 5 cl de cognac
- thym, laurier, piment de Cayenne ou tabasco
- 50 g de beurre dont 30 g pour sauter les Saint-Jacques
- sel et poivre

Préparation et cuisson : 45 min

Nettoyer les légumes et les couper en très petits morceaux. Hacher les crabes.¶ Verser dans un faitout avec 50 g de beurre et cuire à feu vif les légumes et les crabes 3 à 4 min.¶ Baisser le feu et mijoter à feu doux 10 min. Ajouter ensuite crème, cognac, thym, laurier, sel, poivre et tabasco.¶ Passer au chinois, dans un autre récipient. Vérifier l'assaisonnement et rectifier si nécessaire.¶ Cuire les noix soit entières, soit coupées en deux dans l'épaisseur, avec 30 g de beurre, pour une courte cuisson (1 min au maximum). Saler et poivrer (peu).¶ Dresser dans un plat chaud et y disposer la sauce.

Saint-Jacques à la Thermidor

Pour 4 personnes

Préparation et cuisson : 25 min

Couper les noix en deux ou trois dans l'épaisseur et le corail en morceaux. Saler et poivrer, puis faire sauter au beurre, pour une très courte cuisson de 3 à 4 min. Y verser la crème mélangée à la moutarde anglaise en poudre, pour une très courte ébullition.¶ Si on dispose de vraies coquilles Saint-Jacques ou en porcelaine, les beurrer et y répartir la préparation.¶ Gratiner rapidement au four th. 7 (210 °C) pour une très légère coloration.

> 12 à 16 noix de Saint-Jacques selon leur taille
> 20 g de beurre + 20 g
> 150 g de crème fraîche épaisse
> 4 cuillères à café rases de moutarde anglaise en poudre
> sel, poivre du moulin

Coquilles Saint-Jacques au xérès

Pour 4 personnes

Préparation et cuisson : 40 min

> 18 coquilles Saint-Jacques
> 8 échalotes finement hachées
> 10 cl de xérès
> 20 cl de crème
> 2 cuillerées à café de moutarde à l'ancienne
> 2 jaunes d'œufs
> beurre
> fécule de pomme de terre (facultatif)
> sel, poivre, trace de Cayenne

Garder quatre belles coquilles.¶ Cuire les échalotes et les mouiller avec le xérès pour 5 min de cuisson. Ajouter la crème.¶ Mélanger avec la moutarde les jaunes battus avec un fouet, pour obtenir une sauce onctueuse. Il peut être utile, si la sauce n'est pas assez épaisse, de faire une liaison à la fécule.¶ Faire sauter 2 min noix et coraux dans du beurre.¶ Répartir dans des coquilles vides, propres et chaudes.¶ Passer sous le gril très chaud, juste pour colorer très légèrement.

ci-contre
Coquilles crues avec leur corail

Table des matières